Gerhard Jelinek

# NACHRICHTEN
# AUS DEM 4. REICH

Gerhard Jelinek

# NACHRICHTEN AUS DEM 4. REICH

**ecowin**

Gerhard Jelinek
Nachrichten aus dem 4. Reich
Salzburg: Ecowin Verlag GmbH, 2008
ISBN: 978-3-902404-64-0

**Unsere Web-Adresse:**
www.ecowin.at

1 2 3 4 5 6 7 8 / 10 09 08

Lektorat: Arnold Klaffenböck
Cover: www.kratkys.net
Coverfoto: ORF/Historisches Archiv
Copyright © 2008 by Ecowin Verlag GmbH, Salzburg
Gesamtherstellung: Druckerei Theiss GmbH, A-9431 St. Stefan, www.theiss.at
In Österreich gedruckt

# Inhaltsverzeichnis

5

6

# Vorwort

Bei verschiedenen Gelegenheiten wurde ich gefragt, was mich denn während meiner vielen Jahre in Amerika am meisten beeindruckt hätte. Was man sich als Antwort erwartete, war leicht zu erraten: die Wolkenkratzer New Yorks, die Dynamik der Stadt, der Broadway, Größe und Weite des Landes, die Offenheit der Menschen, das Gemisch der Rassen, Religionen und ethnischen Gruppen, der Reichtum und die sozialen Unterschiede, die Nähe zum Meer, die zahllosen Fernsehprogramme, die man dort damals schon empfangen konnte, die „Sunday New York Times" mit ihren zweieinhalb Kilogramm an Information, die unterschiedliche politische Landschaft, der „American Way of Life" und so fort.

Dass es aber trotz dieser gewaltigen Eindrücke die Begegnung mit den aus Österreich Vertriebenen war, kam dann für viele als Überraschung. Tatsächlich war aber für mich als jungem Österreicher das Bekanntwerden mit den Emigranten, wie man sie gerne nennt, mit ihren persönlichen Schicksalen, ihrer Haltung zu Österreich aufregend, mit vielen Fragen verbunden und sicher prägend wie kaum etwas anderes.

Aus einem freien, unabhängigen und demokratischen Land, das mir durch meine Erziehung, meine Umwelt, meinen Beruf die Gelegenheit dazu gab, fuhr ich in das große, freie, demokratische Amerika – noch dazu mit dem Schiff, im Jahr 1970. Mein Herz klopfte laut vor Aufregung, als im Morgengrauen plötzlich Freiheitsstatue und die Skyline von Manhattan auftauchten.

Dreißig Jahre vorher brachen tausende Menschen, die der „Gottesfinsternis", wie Martin Buber den verbrecherischen Naziwahnsinn nannte, entkommen waren, in Freudentränen aus, als

9

sie im Nebel die Freiheitsstatue sahen, „den rechten Arm nicht zum Hitlergruß erhoben, nicht das Feuer der Vernichtung, sondern die Fackel der Freiheit in der Hand."

Von den rund 200.000 in Österreich lebenden Juden wurden mehr als 60.000 in den nationalsozialistischen Vernichtungslagern ermordet. 130.000 konnten sich ins Ausland retten, davon allein 31.000 nach Großbritannien. Nordamerika nahm 28.700 auf, 12.000 gingen nach Mittel- und Südamerika, 28.000 nach Asien, 1880 nach Australien und Neuseeland, 644 nach Afrika. In China – hauptsächlich Schanghai – fanden 18.000 Aufnahme, nach Palästina gingen etwas mehr als 9000.

Über Vertreibung zu sprechen ist aber viel mehr als das Aneinanderreihen von grausamen Statistiken. Erst durch das Erzählen, durch die Wiedergabe persönlicher Erfahrungen, durch Begegnungen und Bindungen beginnt man das individuelle Ausmaß des Horrors zu erahnen und die Lebensschicksale der jeweiligen Gesprächspartner zu begreifen.

Deshalb war ich über den Anruf Gerhard Jelineks erfreut, in dem er mir von seinem Vorhaben berichtete, gemeinsam mit seinem Kollegen Andreas Weber aus Anlass des Gedenkjahres 1988 Interviews mit österreichischen Vertriebenen in New York zu führen. Ich sah darin auch eine willkommene Ergänzung des gemeinsam mit der Columbia University begonnenen „Oral History"-Projekts. In den frühen 70er-Jahren wäre es noch schwieriger gewesen, solche Gespräche zu vermitteln, wäre das Misstrauen noch größer gewesen, war doch vielen Vertriebenen, wie Alfred Polgar schrieb, „die Fremde nicht Heimat, aber die Heimat Fremde" geworden. Da hat etwa Serge Sabarsky, der dann später seinen Frieden mit Wien machte, noch gemeint, dass er nie mehr wieder in diese Nazistadt zurückkehren wolle. Otto Preminger sprach anlässlich einer Tischrede für Bundeskanzler Kreisky davon, dass keineswegs, wie das oft leichtfertig kolportiert werde, alle Österreicher Nazis seien. Höchstens zehn Prozent, meinte er „beschwichtigend", seien (kurze Pause) keine Nazis. Viele Vertriebene holten sich in regelmäßigen Abständen ihre Lebensbestätigungen beim Generalkonsulat ab, ohne aber weitere Kontakte zu suchen. Otto Leichter vermied es, mit österreichischen Gesprächspartnern, deren Hintergrund er nicht kannte, deutsch zu sprechen.

Erst langsam, vor allem auch durch die beginnenden Kontakte zur nächsten Generation, durch die leichteren Reisemöglichkeiten, durch eine spürbare Neugier, wie es denn jetzt in Österreich sei, durch Einladungen zu Vorträgen, vor allem aber durch eine offensichtlich stärker werdende Sehnsucht, zu den Wurzeln, zumindest temporär, zurückzukehren, änderte sich das. Da erzählte dann plötzlich die Witwe des 1942 im Exil verstorbenen Komponisten Alexander Zemlinsky vom (letzten) Wunsch ihres Mannes, in Wien begraben zu sein. Dreißig Jahre lang wollte sie sich mit diesem Anliegen niemandem anvertrauen. Heute gibt es für ihn ein Ehrengrab auf dem Zentralfriedhof.

Die bekannte Musikpädagogin Margarete Busch wünschte sich, als sie schon schwer krank war, als „Österreicherin" sterben zu dürfen. Mimi Grossberg, Richard Berczeller, Steffy Browne, Hans Walter Hannau, Stella Hershan, Hilde Hlawatsch, Clementine Zernik und viele andere waren schon früh bereit, als Zeitzeugen mit jungen Menschen in Österreich ins Gespräch zu kommen. Fritz Spielmann – mit seinen zahlreichen Songs oft monatelang auf Platz eins der Hit-Charts – träumte davon, dass sein Musical „The Stingiest Man in Town" in Österreich aufgeführt würde (was auch gelang). Prälat Johannes Österreicher, der mit seinen Radioreden während des Krieges zum Widerstand gegen Hitler aufrief, trachtete schon früh danach, gerade auch in seiner alten Heimat, den Dialog zwischen Juden und Christen in Gang zu bringen. Irene Harand, eine der „meist gehassten Frauen im Dritten Reich", weil sie versucht hatte, in ihren Zeitschriften und vor allem mit ihrem 1935 veröffentlichten Buch „Sein Kampf" das christliche Europa gegen Hitler und „das Hakenkreuz" zu mobilisieren, erkannte bald, dass es weiterhin gelte, gegen den Antisemitismus und gesellschaftliche Vorurteile aller Art anzukämpfen. Die Liste derer, die hier genannt werden müssten, ist lang und spiegelt den unwiederbringlichen (Kultur-)Verlust wider, von dem unsere Gesellschaft bis heute betroffen ist. Alle versuchten sie, mit ihren emotionalen Ambivalenzen irgendwie zurechtzukommen. Jimmy Berg hat einmal auf die Frage eines Journalisten, ob er in Amerika glücklich sei, geantwortet: „Happy I am, but glücklich I am not ...“

Es wird uns „Nachgeborenen“ immer unverständlich bleiben, warum man nach 1945 nicht alles unternommen hat, um die Vertriebenen zur Rückkehr zu bewegen, sie dazu zumindest ernsthaft einzuladen. Nur knapp vier Prozent sind zurückgekommen.

„Hitler ist tot! – Nun schwenket keine Fahnen, / marschiert nicht auf und läutet nicht die Glocken, / das ist ein Tag der Trauer und der Scham, / das ist kein Tag, um jauchzend zu frohlocken!“ So beginnt Alfred Faraus aufwühlendes Gedicht „Rede am Tag von Hitlers Sturz“ aus dem „Trommellied vom Irrsinn“. Und weiter: „Ich weiß es, was ihr wollt: nur jubeln dürfen, / dass ihr ihn los seid – und ihn dann vergessen!! / Vergessen, dass die Erde er beherrschte, / und, schlimmer, euer ganzes Herz besessen?!“ Später vielleicht einmal könne gejauchzt und frohlockt werden, wenn die Menschheit begreift, dass sie sich selbst ihr Los erschafft. „Doch heut' ist nur ein bitterer Tag der Scham. / Besinnt euch, Leute, und geht still nach Hause. / Hitler ist tot. – Der wahre Kampf beginnt!“

Das ist der „wahre Kampf“, zu dem die Exilanten aufgerufen haben und der uns allen Anliegen bleiben muss, bei dem es keinen „Schluss der Debatte“ geben darf. „Die Jungen sind nicht verantwortlich für das, was damals geschah“, hat Richard von Weizsäcker formuliert, „aber sie sind verantwortlich für das, was in der Geschichte daraus wird.“ Das scheint auch das Motiv der beiden damals noch recht jungen Redakteure gewesen zu sein, welche die Gespräche geführt haben, die in diesem Buch veröffentlicht sind.

Sie, die Leserinnen und Leser, werden in diesem Buch wunderbaren und ganz unterschiedlichen Menschen begegnen. Menschen, „die sich von Hitler nicht ihre Heimat nehmen lassen wollten", die als Zeitzeugen in österreichische Schulen gingen, um mit den nächsten Generationen ins Gespräch zu kommen, die selbst nach allem, was sie durchgemacht hatten, zur „Zukunftsbewältigung" beitragen wollten – Dichter, Fotografen, Autorinnen, Ärzte, Journalisten, Professoren, Wissenschafterinnen, Komponisten, Designer, Theologen, Verleger, die „trotz allem" wieder Mut zum Leben und Bereitschaft zur Versöhnung gefunden haben. Deren Erzählungen, biografische Berichte, Enttäuschungen und Warnungen wir gerade auch deshalb als Vermächtnis verstehen sollten, Vorurteile abzubauen und dem „Nie mehr wieder" ohne Wenn und Aber verpflichtet zu bleiben.

Dr. Peter Marboe

*Und zwischen den Welten schwankend*
*gibt's kein Zurück.*

Maria Berl-Lee

*Die Fremde ist nicht Heimat geworden.*
*Aber die Heimat Fremde.*

Alfred Polgar

# Niederschriften einer verpassten Gelegenheit

Vor zwanzig Jahren hatten mein Kollege Andreas Weber und ich die Idee, anlässlich des 50. Jahrestags des sogenannten „Anschlusses" die österreichischen „Iden des März" aus der Sicht der Opfer zu beschreiben. Wir beide, Andreas Weber und ich, waren damals Journalisten bei der „Wochenpresse", dem ersten Nachrichtenmagazin der Zweiten Republik, das allerdings in der Wahrnehmung der Öffentlichkeit stets das zweite Magazin neben „profil" blieb. Die „Wochenpresse" war 1947 von einem Emigranten und bürgerlichen Widerstandskämpfer gegen die Nazis, Fritz Molden, gegründet worden. Eigentlich wollte Molden die 1938/39 eingestellte „Neue Freie Presse" als bürgerlich-liberale Tageszeitung wiederbeleben. Doch in der materiellen Notzeit nach dem Zusammenbruch der Hitler-Diktatur fehlte es in Österreich an allem. Papier für Tageszeitungen erhielten nur die Parteien zugeteilt, die darauf ihre Parteiblätter druckten. Die zu einem guten Teil jüdische Intelligenz war geflohen oder in den Todeslagern der Nazis ermordet worden. Redakteure, Blattmacher waren im Exil, tot oder durch Kollaboration mit dem NS-Regime diskreditiert. Und die Leser? Auch sie vertrieben, ermordet, ausgebombt, schuldig geworden. Molden konnte also nur eine „Wochenpresse" herausgeben.

Die Idee, den vornehmlich in den USA lebenden Vertriebenen aus Wien zuzuhören, schien daher gerade für die „Wochenpresse" perfekt zu passen. Der damalige Chefredakteur Dr. Hans Magenschab ermöglichte eine Artikelserie zum „Anschluss"-Gedenken. Die Serie von Gesprächen wurde für mich das journalistisch wichtigste Erleben. Dafür möchte ich Hans Magenschab danken.

Jedes der zwei Dutzend Gespräche, die wir in New York und Umgebung (dem „dear no-home" vieler Emigranten) führten, ließ eine verlorene Welt, ein verlorenes Österreich wiederauferstehen. Noch heute habe ich den typisch wienerischen Klang im Ohr, der sich über Jahrzehnte in der Fremde besser konserviert hatte als in Wien selbst. In der Erinnerung dieser Gespräche, aber auch beim Wiederhören fällt ein Begriff auf. Alle sprechen vom „Weggehen", obwohl sie eigentlich „Vertreibung" oder „Flucht" erlebt hatten und erdulden mussten. Warum die Opfer den doch harmlos unverbindlichen Begriff „Weggehen" gebrauchen? Ich deute es als ein „Nicht-eingestehen-Wollen", dass man aus seiner Heimat vertrieben wurde. Das Aktiv triumphiert über die Leidensform.

Die Geschichten über private Schicksale, die uns erzählt wurden, ergeben ein Bild der Märztage 1938, aber auch der Zeit zwischen den Kriegen, der Emigration und der Zeit nach 1945. Sie erwecken eine – damals zerstörte – gesellschaftliche Kultur. Es sind natürlich nur Mosaiksteinchen eines riesigen „Schlachtengemäldes". Unsere Gesprächspartner haben sich erinnert, manchmal genauer, manchmal weniger genau. Wo es ging, habe ich mich bemüht, Namen, Daten und Ereignisse nachzuprüfen. Die persönlichen Schilderungen erheben keinen Anspruch darauf, die historische „Wahrheit" zu sein.

Es sind Stimmen aus dem „Vierten Reich". So hieß Washington Heights bei den Emigranten, jenes Viertel im Norden von Manhattan, in dem viele Tausende an Vertriebenen aus Europa eine neue Heimat während des Krieges fanden: das „Vierte Reich" als ironische Anti-These zu Hitlers „Drittem Reich". Vertriebene Österreicher sprachen von Washington Heights auch als die „Zweite Republik". In der Literatur gibt es den Begriff „Frankfurt on the Hudson". Bei der wissenschaftlichen Aufarbeitung der jüdischen „Besiedelung" dieses Stadtteils von Manhattan werden die österreichischen Emigranten unter dem Begriff „Deutsche" subsumiert. Doppelte Ironie des Schicksals: Selbst in der Emigration wurde der „Anschluss" vollzogen.

Wir haben damals unsere Gesprächspartner aus einer langen Liste von Namen ausgewählt, die uns Peter Marboe, der damalige Leiter des Österreichischen Kulturinstituts, zur Verfügung gestellt hat. Peter Marboe hat sich wie seine Vorgänger in New York jahrzehntelang bemüht, die aus Österreich Vertriebenen wenigstens in New York wieder an ihre alte Heimat zu binden. Unsere Gespräche damals wie die Gesprächspartner sind aber nicht unbedingt repräsentativ für die Vertriebenengeneration. Viele andere wollten nach der Vertreibung einfach nichts mehr von Österreich und ihren früheren Mitbürgern wissen. Sie mieden jeden Kontakt zu österreichischen Institutionen.

Die in vielen Gesprächen gehörte und empfundene Großzügigkeit, das Bemühen um Verständnis, wofür es eigentlich keine Erklärung und schon gar keine Entschuldigung gibt, hat uns damals überrascht und beschämt.

Andreas Weber und ich haben im Februar und März 1988 die Gespräche, für die wir mehr als 60 Stunden Tonmaterial aufgezeichnet hatten, zu drei Artikeln kondensiert. Mehr war nicht möglich. Es war die Zeit der heftigen innenpolitischen Auseinandersetzungen rund um die Person von Kurt Waldheim, der 1986 nach schweren Beschuldigungen, über seine Wehrdienstzeit nicht die Wahrheit gesagt zu haben, mit großer Mehrheit zum Bundespräsidenten gewählt worden war. Die „Waldheim-Affäre" überlagerte jahrelang die gesamte heimische Politik.

Wir haben einen Beitrag zur sogenannten „Oral History" geleistet. Und wir haben es gar nicht gewusst. Für mich ist dieses Buch eine Art journalistische „Wiedergutmachung".

Zwanzig Jahre lang habe ich die Tonbandkassetten von einst mit Fotos und Dokumenten aufbewahrt und fast vergessen. Siebzig Jahre nach dem „Anschluss" habe ich die „Stimmen aus dem ,Vierten Reich'" noch einmal gehört und niedergeschrieben. Die Schilderungen persönlicher Schicksale sind Erzählungen älterer Menschen. Der ursprüngliche Interviewcharakter sollte nicht verloren gehen. Um die Lebendigkeit der gesprochenen Texte zu erhalten, wurden Besonderheiten der mündlichen Sprache, etwa Tempuswechsel (Perfekt/Präteritum) und umgangssprachliche Formulierungen, weitgehend belassen.

Fast alle Gesprächspartner von einst sind inzwischen gestorben. Ihre Stimmen sind aber weiter hörbar.

## Washington Heights – das „Vierte Reich" als ironische Anti-These zu Hitlers „Drittem Reich"

In der Zeit nach dem 12. März 1938 bis zum Kriegseintritt der USA im Dezember 1941 emigrierten mindestens 30.000 Österreicherinnen und Österreicher in die USA. Sie kamen hauptsächlich über Frankreich, Spanien beziehungsweise Portugal nach Amerika. Geschätzte 80 Prozent der Flüchtlinge waren jüdischen Glaubens oder der Herkunft nach jüdisch. Nach der Machtübernahme der Nationalsozialisten in Österreich setzte eine Massenflucht ein. Mehr als 130.000 Österreicherinnen und Österreicher mussten ihre Heimat verlassen. Für die in überwiegender Zahl jüdischen Flüchtlinge bedeutete das „Weggehen" die einzige Alternative zu wirtschaftlicher und gesellschaftlicher Diskriminierung, Demütigung, Entrechtung und schließlich organisiertem Massenmord. Der Großteil der in die USA Emigrierten gelangte auf komplizierten Pfaden und oft abenteuerlichen Wegen nach Amerika.

Die Flucht in die USA war aufgrund eines seit 1924 geltenden Quotensystems äußerst bürokratisch und kompliziert. Der Antragsteller für ein US-Quotenvisum musste den jeweiligen amerikanischen Konsul davon überzeugen, dass er in den vergangenen fünf Jahren polizeilich unbescholten war, eine Schiffskarte besaß und keinerlei Absichten hege, den amerikanischen Präsidenten zu ermorden.

Schwieriger erwies sich die Notwendigkeit, ein „Affidavit of Support" vorzuweisen. Das war im Wesentlichen eine Bürgschaftserklärung eines amerikanischen Staatsbürgers, dass der Neueinwanderer dem amerikanischen Staat in den nächsten fünf Jahren nicht zur Last fallen würde. Ohne Affidavit kein Visum, ohne Visum keine Flucht. Wer das Pech hatte, keine wohlmeinenden Bekannten oder Verwandten in den „Staaten" zu haben, ging dornige Wege, um ein lebensrettendes „Affidavit" zu bekommen. Verzweifelte schrieben Namensgleiche in den USA an, deren Adressen sie aus Telefonbüchern herausgesucht hatten, und baten Fremde um Bürgschaftserklärungen – gelegentlich mit Erfolg.

Außerhalb der Quote war es Geistlichen, Wissenschaftern, Schriftstellern und Künstlern erlaubt, in die USA einzuwandern, wenn sie eine Anstellung nachweisen konnten. Durch Intervention bei Präsident Franklin D. Roosevelt beziehungsweise seiner Frau Eleonore wurden einige hundert „Notvisa" für besonders gefährdete Personen ausgestellt.

Die Quotenregelung und die bürokratische Handhabung der Konsularbehörden bewirkten, dass die Immigrationsquote nicht zu hundert Prozent ausgeschöpft werden konnte. 1941 etwa konnten nur 47 Prozent der Quotenvisa in Anspruch genommen werden. 1942 sank dieser Wert gar auf 17 Prozent.

Nach dem Ende des Zweiten Weltkrieges gab es eine vergleichsweise kleine Zahl von Flüchtlingen, die aus den USA auf Dauer in ihre alte – zerstörte – Heimat zurückkehrten. Es dürfte kaum möglich sein, die exakte Zahl der österreichischen Remigranten aus den USA festzustellen. Das Dokumentationsarchiv des österreichischen Widerstandes schätzt die Zahl auf 15 bis 20 Prozent ein. So ist anzunehmen, dass nur jeder fünfte oder sechste Österreicher, der vor dem Nationalsozialismus in die USA geflüchtet war, für immer zurückgekehrt ist. Es waren vor allem politisch interessierte Flüchtlinge, die sich nie als Immigranten fühlten und gewissermaßen ihre Koffer stets gepackt hielten, um nach Kriegsende die erste Rückkehrmöglichkeit nützen zu können. Heimweh, familiäre sowie berufliche Bindungen,

21

Interesse am Wiederaufbau Österreichs, in späteren Jahren auch Ablehnung des McCarthyismus mit seiner antikommunistischen Phobie gehörten zu den wesentlichsten Beweggründen derer, die nach Österreich zurückkehrten.

Auch die amerikanischen Geheimdienste und Behörden unterstützten die Rückkehr „politischer" Emigranten nicht. Im Wettlauf um Macht und Einfluss in Österreich nach dem Ende des Naziregimes setzten amerikanische Behörden nicht auf die Generation der Emigration. So sollten die Sozialdemokraten Karl Hans Sailer und Otto Leichter zum frühestmöglichen Zeitpunkt nach Österreich geschickt werden, damit diese die „Arbeiter-Zeitung" herausgeben, bevor das vielleicht Ernst Fischer im Auftrag Moskaus besorgt könne. Es kam nicht dazu.

Tatsache ist, dass in der unmittelbaren Nachkriegszeit aus den USA nur Regierungsbeamte oder Militärs den Atlantik überqueren durften. Sogenannte „Austrian Refugees" – Österreicher, die die österreichische Staatsbürgerschaft beibehalten hatten – konnten erst ab dem Frühjahr 1946 nach Europa zurückkehren. Emigranten, die die amerikanische Staatsbürgerschaft angenommen hatten, auch zu diesem Zeitpunkt nur dann, wenn sie besondere amerikanische Interessen vertraten.

Die Bürokratie des State Department, die Militärbehörden in Österreich und diverse Bestimmungen der Alliierten Kommission trugen dazu bei, dass die Rückkehr aus den USA in der Tat viel langsamer erfolgte als jene aus der Sowjetunion, wo die politischen Emigranten unter anderem über den Moskauer Rundfunk unmittelbar nach Kriegsende, wenn nicht früher, zur Rückkehr aufgefordert worden waren. Es ist daher verständlich, dass die KPÖ im Nationalrat der Jahre 1945–1949 drei von vier Mandaten mit ehemaligen Exilanten besetzte, die SPÖ nur 4 von 76, und dass im ZK der KPÖ 1947 unter 39 Mitgliedern 26 ehemalige Exilanten, im Laufe der 50er-Jahre 40 unter 60 waren.

## „Wiener" Cafés in New York – Treffpunkte der Emigration

Durch die Flucht von rund 135.000 deutschsprachigen Emigrantinnen und Emigranten in die USA wurden Teile von Manhattan zu mittelgroßen deutschen beziehungsweise österreichischen Städten. Washington Heights, das im nördlichsten Teil von Manhattan liegt, wurde von den Amerikanern auch als „The Fourth Reich" bezeichnet. Dort sollen in den 40er-Jahren an die 60.000 deutschsprachige Emigrantinnen und Emigranten gelebt haben.

Auf der Upper West Side Manhattans zwischen Columbus Circle auf der 59th Street und der 110th Street siedelten sich verhältnismäßig viele Österreicher an, besonders um die 72nd Street, der „Hauptstraße" des Viertels. Dieser Teil wurde von einigen österreichischen Emigranten in Abgrenzung zum eher deutschjüdischen Washington Heights auch „Zweite Republik" genannt. Das dritte große Siedlungsgebiet der deutschsprachigen Emigration war Yorkville, das Viertel um die 86th Street auf der East Side Manhattans, das auch als „German Town" bezeichnet wurde. Hier trafen die jüdischen Flüchtlinge auf deutsche Auswanderer, die sich dort seit der Mitte des 19. Jahrhunderts angesiedelt hatten. Unter diesen waren auch viele Nazisympathisanten und Antisemiten, sodass es in dieser Gegend bis zum Kriegseintritt der USA 1941 immer wieder zu Auseinandersetzungen kam.

Sowohl in Washington Heights als auch auf der Upper West Side und in Yorkville entstanden eine Vielzahl von „Continental Restaurants" und Kaffeehäusern. Die Sehnsucht, insbesondere der Wiener Emigranten, nach der mitteleuropäischen Kaffeehauskultur konnte nur so befriedigt werden. „Alt-Wien" als Motiv in Verbindung mit all seinen Assoziationen von der Operette über „Gemütlichkeit" bis hin zum Wein hatte Anfang der 40er-Jahre Hochkonjunktur in New York.

Das Magazin „Variety" schrieb im April 1940 angesichts der vielen Restaurants, Kaffeehäuser, Bars, Kabarettlokale und Aufführungen von einer „Viennese Vogue", die die Stadt erfasst habe: „The Vienna motif is now scattered all over New York."

Die Kabarett- und Kleinkunstszene aus dem Wien der 30er-Jahre wurde in den 40er-Jahren nach New York transferiert und fand in den vielen Kaffeehäusern und Bars „Unterschlupf". Zu den wichtigsten Lokalen zählten das „Café Vienna" (später „Vienna Café", 50 West 77th Street), das bis zu 250 Personen fasste. Es wurde zu einem Zentrum der Wiener Kleinkunstszene. Sein Name stand als Synonym für ein Genre der Kleinkunst, das vor allem von Jimmy Berg und dem Geiger Fred Fassler geprägt wurde: die Short Operetta. Sie verstand sich als „musical nonsense", als eine Art Parodie auf ihre „große Schwester", die Operette.

George Eberhardt eröffnete im Sommer 1941 sein „Eberhardt's Café Grinzing" (323 East 79th Street). Für die Saison 1941/42 konnte er Hermann Leopoldi und Helen Möslein verpflichten. Durch Leopoldi und seine Schlager, wie den späteren Klassiker „Die Novaks aus Prag", wurde das „Grinzing" zu einem Publikumsmagneten und musste des Öfteren wegen Überfüllung geschlossen werden.

„Lublo's Palm Garden" wurde vom Stuttgarter Ludwig Bloch im Juli 1940 eröffnet. Das Lokal befand sich am Broadway an der Ecke der 157th Street – an der Grenze zwischen Harlem und Washington Heights. Alle großen Stars des Exilkabaretts, wie Karl Farkas, Armin Berg, Fritz Spielmann oder Eugen Hoffmann, traten dort auf. Doch trotz des großen Erfolges schloss „Lublo's Palm Garden" im Frühjahr 1943 seine Tore.

Der „Wiener Fiaker" (223 West 80th Street) wurde von Louis Musser im Dezember 1939 eröffnet. Am Eröffnungsabend sang Fritz Spielmann das Lied „Es hat ein Wiener Fiaker am Broadway seinen Stand". Spielmann trat bis zum Sommer 1940 fast täglich im „Fiaker" auf.

Von der „Wiener Szene" der Kriegs- und Nachkriegszeit ist heute nichts mehr geblieben. Die letzte „typische" Wiener Konditorei, das „Leclaire" auf der 86th Street in Yorkville, sperrte irgendwann in den 90er-Jahren zu. Das „Café Sabarsky" in der „Neuen Galerie", dem deutscher und österreichischer Kunst gewidmeten Privatmuseum des Milliardärs Ronald S. Lauder, ist ein Nachhall der „Viennese Vogue" der 40er-Jahre des vergangenen Jahrhunderts.

Richard Berczeller

# „So arg wird es nicht werden!"

## Zur Person

Richard Berczeller wurde am 4. Februar 1902 in Ödenburg
(heute Sopron) geboren. Er maturierte und studierte in Wien Medizin. Sein Vater Adolf Berczeller war Mitbegründer der ungarischen Sozialdemokratischen Partei. Berczeller engagierte sich
schon in den 20er-Jahren für die Sozialisten in Wien. Als junger
Arzt arbeitete er im Krankenhaus Lainz gemeinsam mit dem späteren Stadtrat und Sozialreformer Julius Tandler.
      Während seines Studiums machte er einen kurzen Ausflug in
die Filmschauspielerei. Er drehte mit dem Regisseur Michael
Curtz, der Jahre später „Casablanca" produzieren sollte. Curtz
drängte Berczeller, mit ihm nach Berlin zu übersiedeln und größere Filmrollen anzustreben. Doch seine „Frau Mama" über-
zeugte ihn davon, dass es besser sei, das Medizinstudium abzu-
schließen und eine „seriöse" Laufbahn einzuschlagen. Wegen
seines politischen Engagements wurde Berczeller nach 1933
wiederholt verhaftet und verbrachte immer wieder einige Zeit im
Gefängnis. 1938 wurde Berczeller schließlich von der Gestapo
verhaftet, konnte aber Österreich verlassen. Über Paris, wo er
einige Zeit als Arzt in einem Bordell arbeiten musste, und über die
Elfenbeinküste, wohin es ihn mit französischen Kolonialtruppen
verschlagen hatte, kam Berczeller schließlich nach New York.
Dort arbeitete er als „Armenarzt" in der „Lower Eastside" und
publizierte Kurzgeschichten im „New Yorker". Er starb 1994 im
Alter von 91 Jahren.

*

Vor dem 12. Februar 1934 war ich Arzt in Mattersburg, und zwar vom 1. September 1929 bis zum 11. März 1938. Da bin ich verhaftet worden, im Gefängnis gesessen. Dann wurde ich freigelassen, mit der Bedingung, dass ich Österreich binnen einer Woche – später haben sie es auf zwei Wochen verlängert – verlassen muss. In der Haft waren nicht nur Juden, sondern auch Leute, die im „Ständestaat" eine Rolle gespielt haben.* Das ist der Bürgermeister von Mattersburg, Kopp, gewesen, der auch Landtagspräsident des Burgenlandes war. Ein engagierter, konsensbereiter Christlichsozialer, der mit dem „Ständestaat" kein großes Vergnügen gehabt hat. Er wollte eigentlich nicht mit der „Heimwehr", mit dem Fürsten Starhemberg zusammenarbeiten.**

---

* Nach der Ausschaltung des österreichischen Parlaments im Jahr 1933 errichtete Bundeskanzler Engelbert Dollfuß einen autoritären Ständestaat. Die christlichsozialen Politiker griffen als Legitimation für ihr diktatorisches Staatskonzept auf die Enzyklika „Quadragesimo Anno" von Papst Pius XI. zurück. Dem „Ständestaat" lag die Idee einer berufsständischen Gliederung der Gesellschaft zugrunde. Ziel der im 19. Jahrhundert entwickelten Ideen war es, das ideologische Konzept des Klassenkampfes zu überwinden. Arbeitgeber und Arbeitnehmer sollten in gemeinsamen berufsständischen Gliederungen zusammengefasst werden. Politisch zielte das Konzept auf eine Entmachtung der gewerkschaftlichen Organisation und auf ein Verbot demokratischer Parteien, insbesondere der Sozialdemokratie. Der katholisch geprägte „Ständestaat" war die österreichische Ausprägung einer faschistischen Staatsform, wie sie damals in Italien, Spanien und im nationalsozialistischen Deutschland herrschte.

** In den politischen Wirren nach dem Ersten Weltkrieg und dem teilweisen Zusammenbruch einer staatlichen Ordnung nach dem Ende der Monarchie bildeten sich in Österreich nach 1918 zahlreiche paramilitärische bewaffnete Milizen, die sich bundesländerweise zu „Heimwehren" formierten. Diese bewaffneten Gruppen standen politisch der christlichsozialen Partei und den Deutschnationalen nahe. Die „Heimwehren" sahen sich als Schutzmacht gegen den drohenden „Bolschewismus". Als Gegengewicht zu den Heimwehren formierte sich ab 1923 der „Republikanische Schutzbund" aufseiten der Sozialdemokratie.
Ernst Rüdiger (Fürst) von Starhemberg wurde 1899 in Eferding (Oberösterreich) geboren, kämpfte als Fähnrich im Ersten Weltkrieg, studierte danach Nationalökonomie und wurde Mitglied eines „Freikorps". Starhemberg nahm

Nach dem Jahr 1936 hat Bundeskanzler Kurt Schuschnigg versucht, irgendeine Verständigung mit den Nazis herbeizuführen, damit er den christlichen „Ständestaat" mit einer Alleinregierung aufrechterhalten konnte. Es war eine Diktatur – wir werden darüber sprechen, wie weit sie faschistisch oder nicht faschistisch war – jedenfalls war es eine Diktatur. Aber es ist doch wichtig, eines zu erwähnen: Faschismus bedeutet Massenbewegung. Die Hitler-Zeit ist eine Massenbewegung gewesen. Hinter Dollfuß und Schuschnigg stand keine Massenbewegung.

Die Zeit zwischen Dollfuß und Schuschnigg habe ich in der Illegalität verbracht. Als Sozialist wurde ich verfolgt, meine Existenz wurde mir zum Teil geraubt. Ich habe aber weiter politisch gearbeitet und war Mitglied der illegalen „Revolutionären Sozialisten".[*]

Ich bin auch Kurier gewesen und habe Nachrichten zwischen Pressburg und Mattersburg transportiert. Wir haben im „Stände-

---

1923 an Hitlers „Marsch auf die Feldherrenhalle" in München teil, wandte sich dann aber vom Nationalsozialismus ab und wurde ein entschiedener Gegner Hitlers. 1930 übernahm Starhemberg die Führung der österreichischen Heimwehren. Er unterstützte Bundeskanzler Engelbert Dollfuß bei seinem politischen Ziel, Österreich in einen autoritären Staat umzuwandeln und die Demokratie zu beseitigen. Starhemberg wurde 1934 Vizekanzler und nach der Ermordung von Engelbert Dollfuß Sicherheitsminister in der Regierung Kurt Schuschnigg. Starhemberg geriet aber in Konflikt mit Schuschnigg und emigrierte 1937 in die Schweiz. Während des Zweiten Weltkriegs diente er in der britischen und der französischen Luftwaffe, ehe er weiter nach Argentinien emigrierte. Er starb 1956 nach seiner Rückkehr nach Österreich.

[*] Nach den Februar-Kämpfen 1934 und dem Verbot der Sozialdemokratischen Partei Österreichs (SDPÖ) entstanden in der Illegalität Gruppen, die sich zur Vereinigten Sozialistischen Partei Österreichs (VSPÖ) zusammenschlossen. Ab Ende 1934 wurden diese Gruppen „Revolutionäre Sozialisten" genannt. Sie grenzten sich gegen die nach Brünn geflüchtete Parteiführung der Sozialdemokraten ab, der sie „reformistische Illusionen" vorwarfen. Im Jahr 1945 wurde die SPÖ als „Sozialistische Partei Österreichs" gegründet. Im Untertitel – „Sozialdemokraten und Revolutionäre Sozialisten" – nahm die SPÖ beide ideologische Strömungen aus der Vorkriegszeit auf.

staat" vieles erlitten, Verfolgungen, Unannehmlichkeiten. Natürlich war das alles nicht vergleichbar mit der Nazidiktatur, die eine wirklich bestialische Angelegenheit war, während man in der Schuschnigg-Zeit doch leben konnte.

Der „Ständestaat" war eine Diktatur, es war eine Ausschaltung der politischen Parteien, eine Verfolgung der Sozialdemokraten, von denen später viele zu Nationalsozialisten geworden sind, und auch der Nazis. Die Jahre zwischen 1934 und 1936 waren eigentlich eine klassische vaterländische Situation, bei der die Nazis effektiv mit Gewalttaten und Bombenanschlägen den Staat erschüttern wollten. In diesen zwei Jahren gab es eigentlich keinen Kontakt zwischen der vaterländischen Regierung und den illegalen Nationalsozialisten. Der wirkliche Kontakt hat im Jahre 1936 begonnen, als Bundeskanzler Schuschnigg nach Berchtesgaden gefahren ist. Er hat versucht, die deutschnationalen Elemente in die „Vaterländische Front" einzubinden und so die österreichische Unabhängigkeit beizubehalten.* Hinter ihm sind eigentlich breite Kreise der Christlichsozialen gestanden, besonders Johann Staud, der Führer der christlichen Gewerkschaften. Staud konnte damals in überraschender Weise Erfolge verzeichnen. Denn die

---

* Die „Vaterländische Front" wurde nach der Auflösung des Nationalrates am 20. Mai 1933 durch Bundeskanzler Engelbert Dollfuß als Sammelbecken aller „regierungstreuen" Kräfte im autoritären „Ständestaat" gegründet. Die „Vaterländische Front" wurde nach der Auflösung aller Parteien zum alleinigen – offiziell zugelassenen – Willensträger der Politik im „Ständestaat". Die „VF" hatte verschiedene Unterorganisationen, die als Sammelbecken für die nun verbotenen Parteien und Organisationen dienen sollten. Sozialdemokraten sollten etwa im „sozialpolitischen Referat" eine neue politische Heimat finden. Als Symbol benützte die „Vaterländische Front" das sogenannte „Kruckenkreuz". Alle Beamten waren zur Mitgliedschaft verpflichtet. Nach offiziellen Angaben zählte die „VF" drei Millionen Mitglieder, wobei sehr viele Österreicherinnen und Österreicher wohl nur aus erzwungener politischer Opportunität dieser Monopol-Organisation beitraten. Bundesführer waren Engelbert Dollfuß, bis zu seiner Ermordung im Juli 1934, Fürst Ernst Rüdiger Starhemberg und Kurt Schuschnigg.

Arbeiterschaft ist doch zu einem bedeutenden Teil dieser gewerkschaftlichen Einheit beigetreten. Die Gewerkschaft hatte eine breitere Basis, obwohl die illegalen Gewerkschaften und auch illegale Stützpunkte weiter bestanden haben.

Der richtige Scheidepunkt ist das Jahr 1938, wo effektiv Versuche unternommen wurden, um irgendeine Einbeziehung der Sozialdemokraten zu erreichen. Das ist über Kunschak und Staud gelaufen. Zum Beispiel habe ich selbst während der Zeit mit gewissen Leuten eine persönliche Beziehung aufgenommen, sodass ich irgendwie mit verschiedenen Leuten nahezu befreundet gewesen bin. Ich habe dadurch einen gewissen Einblick in diese Situation gewonnen, die „Vaterländischen", die ja die alten Christlichsozialen waren, haben tatsächlich versucht, illegale Sozialisten zu treffen. Es hat ja auch innerhalb der „Vaterländischen Front" eine Opposition gegeben – eine stille Opposition. Schuschnigg hat Tag für Tag versucht, die Situation beizubehalten. Auch in der Judenfrage. Es hat zu jener Zeit gegenüber den Juden keine Strafmaßnahmen gegeben, auch keine Verfolgung – die Ärzte sind weiter Ärzte geblieben, die Anwälte waren weiter Anwälte – es haben Schwierigkeiten bestanden, sagen wir bei der Aufnahme von Ärzten in städtischen Krankenhäusern, aber die Juden konnten existieren.

Die Nazis sind als Organisation sozusagen mit dem Regime in Kontakt gewesen. Der Kontakt war zum Teil ein psychologischer, ein politisch-psychologischer Kontakt, wobei Starhemberg den Anschluss an Hitler gesucht hat. Wirklich gefährlich dürfte sich die Sache im Jahr 1937 entwickelt haben. 1937 haben die damals halbwegs legalen Nazis ernstlich darüber nachgedacht, ob und wie sie in eine Regierung eintreten.*

---

\* Im Juliabkommen 1936 schloss der österreichische Bundeskanzler Kurt Schuschnigg mit der deutschen Regierung Adolf Hitlers einen Vertrag. Das faschistische Italien hatte Druck auf Österreich ausgeübt und so eine Annäherung des österreichischen „Ständestaates" an das nationalsozialistische Deutschland erzwungen. Deutschland versprach in dem Vertrag, die Souveränität Österreichs anzuerkennen, sich nicht in die inneren Angelegenheiten

Ich war ja damals schon Arzt in Mattersburg, und im Burgenland hat man von diesen politischen Entwicklungen wenig bis gar nichts bemerkt. Das Burgenland ist eine ganz andere Angelegenheit. Im Burgenland haben wir keine Nazibewegung gehabt. In Mattersburg hat es höchstens zwei, drei Nazis gegeben. Die sind ortsbekannt gewesen. Einer war sogar Notar. Etwas haben sie getan: Als sie die Einheitsfront, also die „Vaterländische Front" gegründet haben, da haben sie im Gemeinderat einen aufgenommen, der sich zu den Nazis bekannt hat. Aber das war mehr oder weniger eine opportunistische Angelegenheit, um irgendwie eine Einheitsfront gegenüber den „Revolutionären Sozialisten" zu schaffen. Ich kann mich nicht erinnern, dass die Nazis während dieser Zeit im Burgenland irgendeine Rolle gespielt haben.

Sie dürften auch in Niederösterreich eine geringe Rolle gespielt haben. Das ist später, es dürfte bereits 37/38 gewesen sein, wo sie vielleicht etwas stärker geworden sind. Aber eine wirklich aktive, tätliche Nazibewegung hat es, glaube ich, in Niederösterreich kaum gegeben. Ich habe mit dem späteren Bürgermeister von Linz etwas Kontakt gehabt, die Nazis dürften auch in Oberösterreich nicht besonders stark gewesen sein. Dort haben übrigens die „Revolutionären Sozialisten" eine ziemliche Rolle gespielt. In der Steiermark dürfte es stärker gewesen sein, natürlich

Österreichs einzumischen und die sogenannte „Tausend-Mark-Sperre" aufzuheben. Diese Devisensperre hatte dem österreichischen Tourismus schweren Schaden zugefügt. Österreich verpflichtete sich dafür, die verhafteten Nationalsozialisten zu amnestieren, eine Außenpolitik in Anlehnung an die deutsche Außenpolitik zu betreiben. Zusätzlich wurden zwei Vertrauenspersonen der „nationalen Opposition" in die Regierung aufgenommen. Schuschnigg ernannte Eduard Glaise-Horstenau zum Minister ohne Portefeuille und Guido Schmidt, der den Abschluss des Juliabkommens betrieben hatte, zum Staatssekretär für Äußeres. Die österreichische Politik schlug nun einen Kurs ein, der als „deutscher Weg" bezeichnet wurde. Als Folge wurde die Konfrontationspolitik der weiterhin verbotenen NSDAP durch eine Unterwanderung Österreichs abgelöst.

dementsprechend in Salzburg, hier war es scheinbar ziemlich stark.

Nun, ich muss Ihnen sagen, dass man bis zum Besuch Schuschniggs bei Hitler in Berchtesgaden von den Nazis nichts gesehen hat. Man hat keine Abzeichen gesehen, es wurden keine Hakenkreuze getragen. Es dürfte aber wegen der österreichischen wirtschaftlichen Situation schwieriger geworden sein. Die „Tausend-Mark-Sperre" ist natürlich für Österreich eine kritische Angelegenheit gewesen. Die Arbeitslosigkeit ist immer stärker geworden, die wirtschaftliche Situation hat auch das katholische Kleinbürgertum, das nicht zu den Nazis übergelaufen ist, hart getroffen.

Die wirklich kritische Zeit war die Zeit nach Berchtesgaden.* Schuschnigg ist zurückgekommen und hat die Hitler-Diktate mitgebracht. Als er diese große Tiroler Versammlung gehabt und gesagt hat: „Mander, es isch Zeit!", dürfte Schuschnigg bereits auf sehr schwachen Füßen gestanden sein. Bei den „Revolutionären Sozialisten" hat es – im Rückblick –, würde ich sagen, einen gewissen Optimismus gegeben. Und als dann Schuschnigg zurückgekommen

---

* Nach der Machtübernahme Hitlers in Deutschland verschärfte sich der politische Druck auf Österreich von Monat zu Monat. Anfang Februar 1938 nahm Bundeskanzler Kurt Schuschnigg die „Einladung" Adolf Hitlers zu einer persönlichen Aussprache am Berghof – Hitlers Residenz in Berchtesgaden – an. Schuschnigg hegte die – illusionäre – Hoffnung, die Situation kalmieren zu können. In der Besprechung am 12. Februar, die unter dem Druck deutscher militärischer Scheinmaßnahmen stattfand, stellte der deutsche Reichskanzler dem österreichischen Bundeskanzler ein Ultimatum. Kurt Schuschnigg ließ sich auch von persönlichen Drohungen einschüchtern und unterzeichnete das „Berchtesgadener Abkommen". Dieses enthielt gravierende Einschränkungen der österreichischen Souveränität. Insbesondere wurde dem Nationalsozialisten Seyß-Inquart das Sicherheitswesen übertragen und eine Amnestie für alle bis dahin illegalen Nationalsozialisten verfügt. Als Gegenleistung für diese De-facto-Kapitulation versprach Hitler, in einer Reichstagsrede die Unabhängigkeit Österreichs öffentlich zu bestätigen. Der deutsche Reichskanzler brach – wenig überraschend – diese Zusage.

ist und die Volksabstimmung geplant hat, da ist der Optimismus sehr groß gewesen und man hat wirklich geglaubt, dass schon etwas aus der Sache werden wird. Ich bin eigentlich auch optimistisch gewesen. Wenn ich so zurückdenke, so habe ich doch gesagt: „Es wird schon werden." Die Juden haben keine Angst gehabt. Man hat immer daran geglaubt: „Der Schuschnigg wird's schon machen! Die Kirche wird's machen, der Mussolini wird's machen, die Franzosen werden es machen. So arg wird es nicht werden!" Bis zum Tag des „Anschlusses" hat man das geglaubt.

Jetzt werde ich Ihnen sagen, wie das war, am letzten Tag: Ich kann mich erinnern, ich habe zwei Krankenbesuche gemacht, an dem Tag. Ich bin nach Forchtenau gefahren zu einem gewissen Hammer, der ein paar Tage später Nazibürgermeister geworden ist. Ich bin zurückgekommen, und man hat gesagt, es wird zur Volksabstimmung kommen. Und ich muss Ihnen ehrlich sagen, dass ich daran geglaubt habe. Zu jener Zeit, als es Verhandlungen gegeben hat zwischen den Schuschnigg-Leuten, mit den Gewerkschaftern und mit den politischen Führern in Wien, hat bei uns – und ich kann jetzt nur über das Burgenland reden – keine wirkliche Angst geherrscht. An dem Tag also – ich komme nach Hause, das Radio ist gegangen, plötzlich ist es still geworden, dann haben wir die Stimme von Schuschnigg gehört, der gesagt hat: „Gott schütze Österreich!" Es war am Freitagabend, so gegen acht Uhr. Ich bin in mein Arbeitszimmer gegangen. Ich habe in meinem Schreibtisch immer meinen Pass, mein Arztdiplom und etwas Geld gehabt. Das habe ich herausgenommen und bin zum Bahnhof gelaufen und wollte eine Fahrkarte nach Ungarn, nach Ödenburg kaufen. Aber dieser Eisenbahnbeamte sagt zu mir: „Herr Doktor, fahren Sie nicht mehr nach Ungarn, sondern nach Wien, denn die Grenze ist bereits von der SA besetzt. Ich gebe Ihnen lieber eine Fahrkarte nach Wien."

Also bin ich Richtung Wien gefahren. Im Zug selbst habe ich überhaupt nichts gehört. Es war kein Nazi da. Ich bin in Wien angekommen, bin zu meinen Eltern in die Liechtensteinstraße gefahren und habe mich dann bei Angehörigen meiner Frau versteckt.

Meine Frau ist mit meinem 6-jährigen Buben zurückgeblieben, und ich war in Wien. Einige Tage später kommt meine Frau mit dem Buben zu mir und sagt: „Komm, wir fahren zurück nach Mattersburg, denn schließlich und endlich haben wir alles dort! Ich habe bereits mit dem Bürgermeister gesprochen."

Ich will Ihnen unsere Naivität schildern, dass ich meiner Frau treu gefolgt bin. Dass ich mir gedacht habe: „Also, so arg kann es doch nicht sein. Es kann nichts passieren! Wir brauchen ja in Mattersburg einen Doktor!" Die Familie von mir hat ja Jahrhunderte dort gelebt. Warum sollten wir weggehen? So hat jemand gehandelt, der sich als politisch geschult betrachtet hat.

Ich bin nach Forchtenau zurückgekommen, bin sofort in meiner Ordination verhaftet und eingesperrt worden. Die Leute, die eingesperrt waren, das waren Juden, und zwar reichere Juden. Mit mir waren ein Zahnarzt und zwei Frauenärzte inhaftiert. Außerdem gab es dort ein paar „Vaterländische", unter ihnen auch den schon erwähnten Bürgermeister und Landtagspräsidenten Kopp.

Man hat sich einfach auf die Sache nicht vorbereitet. Es ist unvorbereitet gekommen, sonst wäre doch Schuschnigg nicht eingesperrt gewesen, und die ganze Gesellschaft von der „Vaterländischen Front", vom Land überhaupt. Niederösterreich, Salzburg, Vorarlberg, Tirol, alle Schwarzen – die sind alle eingesperrt worden. Man hat nicht daran geglaubt, dass da etwas kommen wird.

Die Gendarmerie, die mich verhört hat, und auch die Polizei in Wien haben sich eigentlich vorbildlich benommen. Das muss ich ehrlich sagen. Obwohl sie mit den Naziarmbinden herumgegangen sind. Aber dann sind in der Nacht SA-Leute aus Bayern gekommen. Sie haben den Juden die Bärte ausgerissen, haben sie geschlagen, haben Hunde auf sie losgelassen und so weiter. Sie haben auch die „Vaterländischen" sehr schlecht behandelt. Bürgermeister Kopp ist blutig geschlagen worden, mit ihm sind sie fürchterlich umgegangen. Nach einigen Wochen im Gefängnis hat dann ein Wärter gesagt: „Na ja, Sie werden ja nicht so schlecht behandelt wie die anderen, sie kommen ja eh ins Konzentrationslager." Da habe ich mir gedacht: „Jetzt bin ich erledigt, jetzt komme ich nach Buchenwald."* Von der Existenz der Konzentrationslager hat man gewusst. Man hat ja in der Schuschnigg-Zeit auch gelesen, dass es ein KZ Dachau gibt. Jedenfalls habe ich mich meinem Schicksal ergeben.

Eines schönen Tages kommt der Gefängnisdirektor herein. Sagt er: „Es kommt jemand, um Sie abzuholen", und herein kommt ein SS-Mann. Das war der erste SS-Mann, den ich in meinem Leben gesehen habe. Er hat mich mit einem preußischen Deutsch angesprochen. Er sagte: „Folgen Sie mir" und hat mich – das war das Bezirksgericht, wir sind in den ersten Stock hinaufgestiegen – in ein Zimmer geführt. Dort sind rundherum die Nazis gestanden – auch die örtlichen Nazis –, mit Uniformen und Gewehren. Da sitzt ein gut aussehender junger Mann mit einer Zigarette im Mund und sagt: „Wir wollen Sie jetzt verhören. Wie alt sind Sie? Sind Sie vorbestraft? Haben Sie deutsche Mädchen vergewaltigt?" Worauf der eine sagt: „Nein, das hat er nicht gemacht." – „Sagen Sie, haben Sie Arier ausgebeutet?", worauf einer von ihnen sagt: „Nein, das hat er nicht gemacht." Ich musste natürlich äußerlich eine gewisse Haltung bewahren, innerlich habe ich jedoch gezittert und er sagt mir:

---

\* Das „Konzentrationslager Buchenwald" in der Nähe von Weimar war eines der größten Lager auf deutschem Boden. Es wurde zwischen 1937 und 1945 betrieben. Rund 240.000 Menschen waren in Buchenwald inhaftiert. Die Zahl der Todesopfer wird auf mehr als 50.000 geschätzt. Das KZ Dachau entstand im Jahr 1933 kurz nach der Machtübernahme der Nationalsozialisten in Deutschland. Die ersten Häftlinge in Dachau waren politische Gegner des NS-Regimes. Schon wenige Tage nach dem „Anschluss" Österreichs kamen hunderte Österreicher nach Dachau. Zwischen 1933 und 1945 waren rund 200.000 Menschen in Dachau inhaftiert. 30.000 starben unter den unmenschlichen Haftbedingungen.

„Also bitte, Sie werden freigelassen, aber Sie müssen versprechen, dass Sie das Deutsche Reich verlassen." Dann sagt er noch: „Bitte, gehen Sie." Ich gehe raus, da sitzt dieser SS-Mann da, der mich ein Stück begleitet und dann zwei SA-Leuten übergibt – Landarbeiter waren das, zwei Mattersburger. Der eine von ihnen fragt: „Sagen Sie, Herr Doktor, kann ich Ihr Packerl tragen?" Darauf sage ich: „Nein, das kann ich mir schon selbst tragen!" Sie führen mich zum Bahnhof hinauf, dort stehe ich, bis ein Zug kommt, der nach Wien fährt. Dann haben sie mich in ein Coupé gebracht, wo ich bis Wien zwischen den SA-Männern gesessen bin. In Wien haben sie mich der Südbahnhofwache übergeben.

Ein Polizist hat mich an eine Wand gestellt. „Ich bin ein kommunistischer Jude!" ist dort mit Kreide angekritzelt gewesen. Links herum sind eine Menge Leute gewesen. Ich bin dort an der Wand gestanden. Von den Leuten hätte jeder herkommen und mich anspucken können. Aber es hat mir wirklich niemand etwas getan. Ich bin etwa eine Stunde so gestanden, dann sind zwei Polizisten gekommen, haben mich in ein Amtslokal geführt und mich gefragt: „Haben Sie Geld bei sich?" Habe ich gesagt: „Nein." – „Haben Sie irgendwelche Juwelen oder irgendeinen Wertartikel bei sich?" Sage ich: „Nein." – „Was werden Sie jetzt tun?" Meine Antwort: „Das weiß ich noch nicht. Irgendwo werde ich schon wohnen." – „Können Sie mir die Adresse Ihrer Eltern sagen?" Also, die haben das schon gewusst. „Jetzt können Sie gehen." Ich bin hinausgegangen, habe versucht, ein Taxi zu bekommen, aber keines gekriegt. So bin ich mit dem D-Wagen zu meinen Eltern gefahren.

Ich hatte nur noch einen Gedanken: „Wie kommt man von hier weg? Und da ist Folgendes passiert: Die Tante meiner Frau ist die Sekretärin von Sigmund Freud gewesen. Meine Frau hat die Leute ja gekannt, aber ich nicht. Eines Tages sagt die Tante zu ihr: „Du, die Prinzessin Marie Bonaparte, die Groß-Groß-Groß-Groß-Nichte von Napoleon, eine Patientin von Freud, ist nach

Wien gekommen, um Sigmund Freud zu schützen." Zwei Wochen später ist die Tante ganz aufgeregt nach Hause gekommen und hat gesagt: „Ich habe mit der Anna Freud gesprochen. Sie hat gesagt, die Prinzessin Bonaparte will dir helfen, damit du von hier wegkommst." So bin ich am nächsten Tag in die Berggasse zu Freud gegangen. Die Tante hat das geregelt: „Du kannst zur französischen Botschaft gehen, und du bekommst das Visum nach Frankreich." Damals ein Visum nach Frankreich zu bekommen, ist nahezu unmöglich gewesen, weil sich alle Länder abgeschottet haben.

Wir haben einen Nazianwalt gefunden, und der hat effektiv den Pass aus Eisenstadt geholt. Er hat die Leute dort bestochen. Ich habe einen regelrechten deutschen Pass bekommen. So bin ich dann zur Bahn gefahren. Ich habe mich in das Taxi gesetzt, sagen wir um sechs Uhr am Abend. Wir sind zur Mariahilfer Straße gekommen, die Straße war voll mit deutschen Soldaten, die gerade eingetroffen sind und in die Stadt marschieren. Wir sind also stecken geblieben und konnten nicht weiterfahren. Ich habe gewusst, die Zeit vergeht und vergeht, und wir können nicht weiterfahren. Der Taxichauffeur ist ratlos gewesen. Ich habe gedrängt: „Mein Zug fährt davon." Er hat sagt, dass er nichts machen könne. Es war ein unerhört heißer April, plötzlich kommt ein Soldat aus dieser marschierenden Kolonne und klopft ans Taxifenster. Ich lasse das Fenster herunter und er fragt: „Sie, ich bin wahnsinnig durstig, können Sie mir etwas zu trinken geben?" Sage ich: „Ich habe aber nichts zu trinken, ich habe nur meine Flasche Schnaps mitgebracht", sagt er: „Bitte, kann ich vielleicht ein Schluckerl nehmen davon?" Sage ich: „Ja." Er fragt: „Wo wollen Sie denn hin?", sage ich: „Ich muss dringend zum Bahnhof", sagt er: „Das können wir sofort machen." Der Offizier hat die Reihen der Soldaten auseinandergeholt und ich bin zum Bahnhof, stellen Sie sich das vor! Im Spalier! Und links und rechts alles „Heil! Heil Hitler! Heil Sieg! Heil Sieg!" Und ich sitze da im Taxi wie der große Herr und fahre zum Bahnhof.

Was soll ich Ihnen sagen, ich bin dann im Zug gesessen und habe während der Fahrt durch Österreich aus dem Fenster geschaut. Es war ein Naziland. Überall Fahnen, das Hakenkreuz auf jedem Kirchenturm, auf dem Gehsteig, überall. Der Zug fährt, an Salzburg vorbei, Richtung Innsbruck. Ich fahre diese 12 oder 14 Stunden bis zur Grenze. „Halt! Stehen bleiben! Durchsuchen!" Zu mir ins Abteil kommt ein junger SS-Mann herein und sagt: „Holen Sie Ihren Koffer herunter!" Ich nehme den Koffer aus dem Gepäcksnetz. „Machen Sie den Koffer auf!" Ich öffne ihn, und er fragt: „Haben Sie irgendwelche Wertgegenstände dabei?" – „Nein, gar nichts!" Er greift hinein und als Erstes findet er mein Diplom. Das Diplom, also bitte, unter den paar Dingen, die ich mir immer mitgenommen habe, war mein Arzt-Diplom. Er schaut sich das an und fragt: „Sie sind Arzt?" „Ja!" Sagt er: „Ich bin Medizinstudent. Ich bin im achten Semester. Wo fahren Sie eigentlich hin?" So freundlich. Sage ich: „Ich fahre nach Paris." – „Was haben Sie dort zu tun?" „Ich muss halt weg." Und er sagt mir: „Gute Reise!" So bin ich ganz ungestört nach Liechtenstein gekommen. Das war der Beginn meiner Emigration, aber Österreich, das Burgenland, Wien bedeuten für mich noch immer Heimat.

Es gibt, wenn ich es so sagen darf, nahezu keine Auszeichnung, die ich nicht bekommen habe. Ich habe sogar von der katholischen Kirche durch den Bischof einen Orden erhalten. Jetzt fragen Sie mich, wie meine Einstellung gegenüber Österreich ist. Wie ich Österreich überhaupt betrachte, als politisch denkender Mensch? In Österreich ist im Allgemeinen eine Ambivalenz vorhanden. Und wie stellt sich jetzt ein alter Mann wie ich, der immer noch reden kann, zu dieser österreichischen Angelegenheit? Ich bin immer noch Österreicher. Ein Mensch kann die Heime wechseln, er kann aber die Heimat nicht wechseln. Das ist ganz ausgeschlossen.

Nach dem Krieg gab es Angebote, mich zurückzuholen. Ich bin einer der wenigen gewesen. Ich hätte der Chefarzt der Wiener

Gebietskrankenkasse werden sollen. Alle, die Schwarzen, die Roten, alle wollten, dass ich zurückkomme.

Ich habe abgelehnt. Meine Frau und mein Sohn haben nicht gehen wollen. Aber ich war schon in Wien. Das zerstörte Wien habe ich gesehen.

Friedrich Ludwig Berzeviczy-Pallavicini

# „Die besten jungen Leute waren plötzlich alle Nazis."

## Zur Person

Baron Friedrich Ludwig („Federico") Berzeviczy-Pallavicini wurde am 12. April 1909 in Lausanne geboren. Ab 1926 studierte er an der Wiener Kunstgewerbeschule. Der Maler und Grafiker, Innenarchitekt und Bühnenbildner schuf zwischen 1933 und 1938 Auslagengestaltungen für die Konditorei Demel, er fertigte Bühnenbilder und lieferte Entwürfe für die Porzellanmanufaktur Augarten. Im Jahr 1936 heiratete er Klara Demel, die Nichte der „Demel"-Besitzerin Anna Demel, und prägte das Erscheinungsbild des „Demel". Die fantasievollen Auslagendekorationen gehen bis heute auf den Einfluss des Künstlers zurück. Josef Hoffmann nannte den Schüler der Wiener Werkstätten einen „letzten Romantiker". Nach Flucht und Emigration nach Italien arbeitete er für verschiedene Zeitschriften, unter anderem mit Luchino Visconti, Giorgio de Chirico und Vittorio De Sica. Ab 1950 lebte er als Innenarchitekt in den USA. 1956 kehrte er nach Wien zurück, gestaltete den „Demel" neu, dessen Besitzer er 1965 wurde, und leitete die Wiener Nobel-Konditorei bis 1972. Schließlich verkaufte er die Institution an eine Schweizer Gesellschaft, die dem Wiener Szene-Enfant-terrible Udo Proksch gehörte. Dieser richtete in den Räumlichkeiten des „Demel" den skandalumwitterten „Club 45" ein. Federico Berzeviczy-Pallavicini starb 1989 in New York.

*

41

Ich war am 11. März im Schwedenkino bei der Premiere des Films „Lady Lou" mit Mae West. Sie war prachtvoll und sehr chic. Der Film spielte in Schanghai. Als die Nazis kamen, wurde der Film sofort wieder abgesetzt. Ich habe keine Ahnung gehabt, was alles passieren könnte. Ich bin Künstler und Pazifist, ich habe es einfach nicht gewusst. Und schauen Sie, wissen die Leute hier auf der Upper Eastside in Manhattan, was in der Bronx passiert?

Ich habe damals für Zeitungen gezeichnet und sie illustriert. Im Dezember 1937 bin ich nach London gerufen worden, um dort für die österreichische Botschaft einen Ball zu organisieren. Botschafter war damals Baron Georg Frankenstein. Der Ball war als Bauernfest zur Zeit Mozarts in Salzburg geplant. Gemeinsam mit meinem Freund Franz Taussig, der aus einer jüdischen Familie stammte, haben wir die Dekorationen gemalt. Der Ball war ein sensationeller Erfolg. Die Trapp-Familie hat gesungen. Wir sind dann zu Weihnachten nach Österreich zurückgekehrt. Im Februar fing es dann an. Die Naziagitation war nicht mehr zu übersehen. Ich bin einmal über den Josefsplatz ins Palais Pallavicini gegangen. Da musste man buchstäblich durch Flugzettel und Papiere waten. Es war grässlich.

Den Einzug von Hitler in Wien habe ich mir angeschaut. Ich bin beim Burgtor gestanden. Der Ring war voller Menschen. Die Flugzeuge sind sehr tief geflogen. Als Hitler vorbeigefahren ist, war er ganz wie aus Elfenbein. Die Leute waren wie verrückt. Am Schwarzenbergplatz sind sie auf den Bäumen gesessen, um Hitler zu sehen. Ich bin auch auf den Heldenplatz gegangen, es war ja nah bei meiner Wohnung. Der ganze Platz war schwarz, so viele Menschen sind herumgestanden.

Die besten jungen Leute waren plötzlich alle Nazis. Sie müssen sich vorstellen, wie groß die wirtschaftliche Not war. Ich bin in der Inflationszeit aufs Theresianum gegangen. Plötzlich war das ganze Geld für die Erziehung nur noch so viel wert wie eine Zündholzschachtel. Mein Vater war verzweifelt. Es war schrecklich.

In solchen Zeiten hatte ein Narr wie Hitler leichtes Spiel. Wie das ausgeartet ist, das war Sünde! Aber die Menschen sind so. Wir sind Tiere. All die Leute, die sich mit Widerstand brüsten – glauben Sie mir, es war nichts. So ein System kann man nicht unterminieren.

Den Antisemitismus hat es immer gegeben. Wenn ein Krieg verloren wird, dann kommt der furchtbare Mist heraus. Der Antisemitismus vor den Nazis hat sich nicht gegen die feinen Wiener Juden gerichtet. Es gab auch unter den Juden grässliche Menschen, auch dort gibt es halt unterschiedliche Kategorien. Aber ich frage mich, wie kann ein Volk so verrückt werden?

Eines Abends im März sind wir mit Robert Taylor, einem amerikanischen Schauspieler, den sie dann später den „Mann mit dem perfekten Gesicht" genannt haben, beim Heurigen gesessen, da wurden wir alle arretiert. Bis auf mich haben sie alle anderen freigelassen, ich saß im Wachzimmer in Grinzing. Man hatte mir meinen ungarischen Pass abgenommen. Ich sollte ins Landesgericht gebracht werden. Mit zitterndem Herzen bin ich dort angekommen. Da ist ein großer Herr in Naziuniform auf der Stiege gestanden und hat mir gesagt: „Wir haben Sie nur arretiert, um Ihnen Angst zu machen." Und dieser Herr war unser Sekretär auf der Kunstgewerbeschule gewesen. Später wurde er gar Polizeipräsident.

Also, in so einem Land – habe ich mir gedacht – kann ich nicht bleiben. Den „Demel" haben sie so und so gebraucht, für ihre Bäckereien.

Maximilian Brandeisz

# „Das Hakenkreuz hat uns davor bewahrt, verhaftet zu werden."

## Zur Person

Maximilian Brandeisz wurde 1894 in Wien geboren. Als Präsident des Landesverbandes Wien der Kriegsinvaliden hatte der sozialdemokratische Politiker ab 1930 eine vergleichsweise einflussreiche Position. Brandeisz schrieb eine Analyse über sozialpolitische Inhalte des Friedensvertrags von St-Germain-en-Laye. Er gehörte bis zum Februar 1934 der Länderkammer, dem Bundesrat an. Über Frankreich konnte der Politiker schließlich 1940 in die USA emigrieren. Im Rahmen seiner internationalen Tätigkeit setzte sich der Abgeordnete auch für die Rechte der makedonischen Minderheit im damaligen Jugoslawien ein.

*

Ich bin 1929 in den Bundesrat gekommen und war damals der jüngste sozialistische Abgeordnete. Der Bundesrat hat ja viel länger funktioniert als der Nationalrat, der ja 1933 von Dollfuß aufgelöst worden ist, nicht aber der Bundesrat, den die Länder beschickt haben. Wir hatten auch nach 1933 noch regelmäßig Sitzungen, weil wir das einzig funktionierende parlamentarische Gremium waren. Wir haben im Bundesrat durch unsere Reden einige Sachen immunisiert. Und weil ich jung und ein guter Redner war, wurde ich oft aufgeboten. Wir hatten im Bundesrat zwei oder drei nationalsozialistische Abgeordnete aus Wien. Die haben mir versprochen, ich würde der Erste sein, den man aufhängt. Das wollte ich nicht abwarten.

Der Bundesrat ist dann im Februar 1934 aufgelöst worden, und ich bin wegen meiner internationalen Tätigkeit für sieben Monate ins Landesgericht gewandert. Danach musste ich mich drei Mal wöchentlich bei der Polizei melden.

Als wir vom Einmarsch Hitlers gehört haben, sind wir – nur mit einer Zahnbürste bewaffnet – mit der Südbahn Richtung Italien gefahren. Wir wollten in die Schweiz. Aber die Westbahn war für uns gesperrt, da aus dem Westen die ganzen deutschen Sturmscharen gekommen sind.

Ich habe mir auf einem „Kas-Zettel" ein Hakenkreuz gemalt und darunter eine Stampiglie „Wien-Südbahnhof" draufgestempelt. Das war unser Pass für eine ungehinderte Reise nach Kärnten. Der Zug ist immer wieder von jungen Burschen mit Stahlhelmen aufgehalten worden, aber mit diesem Zettel sind wir durchgekommen. Das Hakenkreuz hat uns davor bewahrt, verhaftet zu werden. In Mailand haben wir erschöpft übernachtet. Am nächsten Tag sind wir in die Schweiz. Dort waren wir die ersten Flüchtlinge. Man wollte uns zuerst nicht reinlassen, weil wir kein Visum hatten. Ich konnte das dann arrangieren, weil ich durch meine internationale Tätigkeit wiederholt in der Schweiz gewesen war und dadurch viele Schweizer Stempel im Pass hatte.

Unsere Flucht ging dann weiter nach Paris. Wir waren die ersten Emigranten. Jeder wollte von uns wissen, was in Österreich los ist, wir waren Zeitzeugen. Ich bin sofort zu Otto Bauer gegangen und habe ihm berichtet. Mich verband mit Otto Bauer sehr viel. Er benützte mich und meine Auslandsreisen zur Internationale der Kriegsteilnehmer in Genf, um mit Friedrich Adler, der sein Büro in Zürich hatte, in Kontakt zu treten. In Paris habe ich dann meine politische Tätigkeit wieder aufgenommen. Wir haben dort eine Zentralstelle der Sozialistischen Partei gehabt. Alle Parteien, die Christlichsozialen, die Kommunisten und wir, haben in Paris Delegierte gehabt. Martin Fuchs, der frühere Presseattaché in der Gesandtschaft, war ein Christlichsozialer, und ich bin auserkoren worden, Kontakt herzustellen und als Vermittler eine

Exilregierung mit Sozialdemokraten und Christlichsozialen auf die Beine zu stellen. Julius Deutsch war damals der eigentliche Führer in der Emigration mit Karl Hans Sailer und Otto Pollack. Aber die Partei hat nie die Absicht gehabt, eine Exilregierung zu bilden. Dadurch hat das auch nicht funktioniert.*

Wir haben vor 1938 geglaubt, dass es möglich wäre, eine Koalition gegen Hitler zu schließen und dass uns die Westmächte dabei unterstützen würden. Aber sie haben uns wie einen nassen Fetzen weggeworfen. Die Franzosen haben gesagt: „Macht's das nicht noch einmal." So standen wir nackt da. Es war niemand, der aktiven Widerstand hätte leisten können.

Die Sozialdemokraten in Wien haben ja der Volksabstimmung von Schuschnigg zugestimmt. Es war keine wilde Agitation nach außen, aber im Untergrund hat die Partei innerhalb von drei Tagen begonnen, die Leute zu mobilisieren. Es war eine plötzliche Idee, die Parteiorganisation war nicht vorbereitet. Bei der von Schuschnigg angesetzten Volksabstimmung hätte es sicher eine Mehrheit für die Unabhängigkeit Österreichs gegeben. Man war zwar mit Schuschnigg unzufrieden, aber er war besser als Hitler.

In Wien gab es vor dem März 1938 eine Art ruhenden Antisemitismus, nicht in der Politik: Da hat es geheißen: „Gleiche Brü-

---

* Die 1934 verbotene sozialdemokratische Partei gründete zuerst in Brünn und später in Paris eine Exilorganisation, das „Auslandsbüro der österreichischen Sozialdemokraten". Es wurde von Otto Bauer und Julius Deutsch geleitet. In Brünn wurde auch eine Wochenausgabe der „Arbeiter-Zeitung" gedruckt und über die Grenze nach Österreich geschmuggelt. Ab 1937 verhinderten die tschechoslowakischen Behörden diese Exiltätigkeit. Otto Bauer ging im März 1938 zunächst nach Brüssel, dann nach Paris. Im Exil einigten sich die Sozialdemokraten Otto Bauers mit den „Revolutionären Sozialisten" und gründeten eine gemeinsame Exil-Organisation, die AVOES. Die österreichischen Exilanten blieben allerdings in vielen Gruppen und Organisationen zerstritten. Monarchistische, christlichsoziale, kommunistische und sozialdemokratische Exilgruppen fanden nie die Kraft, eine österreichische Exilregierung zu etablieren.

der, gleiche Kappen", da haben die Leute zusammengehalten. Vorher natürlich – Sie wissen, was Karl Lueger gesagt hat –, aber in der kritischen Zeit gab es keinen Antisemitismus.* Die Juden waren ja zufällig unschuldig. Otto Bauer und Robert Danneberg waren Juden, aber das hat mit Ausnahme der Nazis niemand gegen sie geltend gemacht. Beide waren sehr aktiv, nur hat das niemand gewusst.

Ich bin mit Oskar Helmer, dem späteren Innenminister, in einer Zelle gewesen. Und dann haben sie einen jungen Nazi zu uns gesteckt. Den haben wir gefragt: „Wieso bist du ein Nazi?" Seine Antwort war: „Ich habe jahrelang keine Arbeit gefunden, und die Nazis werden mir eine geben." So simpel war das.

In Frankreich habe ich mich erfolgreich dafür eingesetzt, dass wir Österreicher einen eigenen Status als „Ex-Autrichien" bekommen haben. Das war sehr wichtig. Wir haben auch in Genf versucht, mit der Flüchtlingsorganisation des Völkerbundes Kontakt aufzunehmen. Österreich hat keine schlechte Quote gehabt. Die Tschechen, Ungarn und Polen waren viel schlechter dran.

Alle Österreicher wurden schon 1939 in den Süden Frankreichs geschickt, in die Nähe von Toulouse an die Garonne, in einen schönen, alten Ort. Wir waren vielleicht hundert Österreicher dort. Wir sind dann vor den Nazis weitergeflohen. Schwarz durch Spanien, geheim. Wir haben uns nicht einmal getraut, in ein Lokal essen zu gehen, weil wir uns vor den Spaniern gefürch-

---

* Karl Lueger war im 19. Jahrhundert Gründer der Christlichsozialen Partei und von 1897 bis 1910 Bürgermeister von Wien. Er machte die Christlichsozialen zur Massenpartei und scheute auch nicht davor zurück, mit antisemitischer Agitation Stimmung gegen das meist liberal eingestellte Wiener (jüdische) Großbürgertum zu machen. Kaiser Franz Joseph I. verweigerte Karl Lueger mehrfach die Anerkennung als Wiener Bürgermeister. Lueger, der im Amt als Bürgermeister mit jüdischen Bankiers und Geschäftsleuten gute Beziehungen pflegte, wird allerdings auch mit dem Satz zitiert: „Wer a Jud ist, bestimm' i."

tet haben. Aufgeatmet haben wir erst an der portugiesischen Grenze. Wir haben dann für die USA als politische Flüchtlinge Besucher-Visa bekommen und sind auf einem umgebauten Frachtdampfer im April 1941 nach Amerika gelangt. Das Geld für die Reise war geborgt. Meine Frau hat dann als Dienstmädchen gearbeitet, obwohl wir das gar nicht durften. Erst nach Pearl Harbor durften Flüchtlinge arbeiten. Uns hat die Freimaurerloge in New York sehr geholfen. Ungefähr 200 Freimaurer aus Wien wurden von der Loge aufgefangen.

Wir hatten hier in New York eine sozialdemokratische Organisation „Friends of Austrian Labor" und auch ein „Österreichisches Forum", aber die Österreicher haben untereinander relativ wenig Kontakte gepflegt. Ich habe aus New York für das OSS im Radio gegen Hitler gesprochen, in Richtung der Arbeiter und der Kriegsinvaliden, weil ich ja für beide Gruppen lange politisch tätig war.*

Wo heute für mich Heimat ist? Das kann ich schwer sagen. Ich bin immer wieder nach Österreich zurückgefahren. Hier gab es unter Emigranten einen Witz: „Wir sind happy, aber nicht glücklich." Oskar Helmer als Innenminister hat mir angeboten, zurückzukommen. Aber ich kann nicht mehr dort leben, obwohl ich meine Heimat Österreich nicht verleugne.

---

* Office of Strategic Services (OSS) war von 1942 bis 1945 ein Nachrichtendienst des amerikanischen Verteidigungsministeriums und der militärische Vorläufer des CIA.

Robert Breuer

# „Christ oder Jude? Das war bis zum März 1938 doch nur eine nebensächliche Angelegenheit."

## Zur Person

Robert Breuer wurde am 3. Oktober 1909 in Wien geboren. Als junger Journalist betreute er eine wöchentliche Jugendbeilage für die „Neue Freie Presse" und arbeitete vor 1938 als Korrespondent für diverse europäische Tageszeitungen. In der Emigration setzte Breuer seine journalistische Arbeit mit Beiträgen für die „New York Times" und „The Saturday Review" fort. Er war auch Mitarbeiter der deutsch-jüdischen Zeitschrift „Aufbau" und schrieb nach dem Krieg Musikkritiken für die „Neue Zürcher Zeitung" und den ORF. Über die Ereignisse im März 1938 publizierte Robert Breuer einen „Erlebnisbericht": „Nacht über Wien". Er starb im Juni 1996.

*

Ich war Journalist und habe im März 1938 für den Pressburger „Grenzboten" gearbeitet, eine demokratische Zeitung. Pressburg, Brünn, Zagreb, das waren so Vorstädte von Wien. Die Menschen dort waren sehr interessiert an Wien. Jeden Sonntagabend habe ich einen Sportbericht von Wien durchgegeben. Ein Match habe ich besucht, und die anderen Resultate habe ich vom Fleischmarkt abgeschrieben. Dort war die Druckerei vom „Tagblatt". Ich war also Korrespondent in Wien und habe über alles geschrieben, übers Theater und Reportagen. Spezialisiert war ich auf die Berichterstattung über Privatsammlungen.

Am 11. März war ein Cousin bei mir, der in der Neubaugasse wohnt. Er hat uns besucht, weil er sich eben anschauen wollte, was sich in der Stadt tut. Und wir sind runtergegangen – da ist es sehr lebhaft zugegangen. Am Graben waren die Lager geteilt. „Hoch Schuschnigg!" auf der einen Straßenseite, „Heil Hitler!" auf der anderen. Und da gab es schon erste Gerüchte, dass Hitler die Stadt übernehmen wird. Und mein Cousin hat einen höheren Offizier vom Bundesheer gefragt, ihn einfach angesprochen: „Wir haben gehört, dass ein Umbruch bevorsteht." Der hat gesagt: „Wer verbreitet solche Gerüchte? Ich könnte Sie sofort verhaften lassen." Also, die Leute haben nichts gewusst.

Ich bin zu meiner Trafikantin in der Spiegelgasse gegangen und dann die Kärntner Straße hinauf und dann wieder zurück zu meiner Trafikantin und habe mir Zigaretten gekauft. Da hat sie ganz voller Schrecken gesagt: „Was sagen Sie, um sieben Uhr hat der Schuschnigg abgedankt. Mein armes Österreich!" Das war eine kaisertreue Frau, eine kleine, alte Frau, die immer die Rollbalken heruntergezogen hat. „Was wird jetzt mit mir geschehen! Wo werden meine Kunden alle hingehen?" Sie war betroffen, viele waren betroffen. Meine Gemüsefrau in der Seilergasse hat zu meiner Mutter gesagt: „Sie sind ja gesegnet, dass Sie auswandern können, später dann. Was wird mein Sohn machen müssen, er wird einrücken müssen." Die haben alle gewusst, dass der Krieg kommt – die Leute, die gescheit waren.

Der Hitler-Umbruch war an einem Freitagabend, und am Samstag drauf um zehn Uhr vormittags hat es an der Tür geläutet, ich habe gezittert. Aber es waren drei Leute aus der Pressburger Redaktion, die eine Rundfahrt durch Wien machen wollten. Wir sind auf der Ringstraße in einem tschechischen Wagen gefahren und haben alles gesehen. Die Menschen sind schon zusammengeströmt, weil man den „Herrn Hitler" erwartet hat.

Am Sonntag ist er dann gekommen. Ich war auf der Ringstraße, im Schutz des Herrn Eugen Holly, dem Chefredakteur des „Grenzboten" Pressburg. Wir haben sehr traurig voneinander

Abschied genommen, weil wir gewusst haben, dass wir uns nicht mehr sehen werden. Nein, am Heldenplatz war ich nicht, aber ich habe den Tag erlebt.

Es ist ja alles im Radio übertragen worden. Diese Radios waren auf allen Straßen, überall hat es geplärrt. Am 11. März 1938 hat mich der „Grenzbote" zwei Mal angerufen – am Graben 12, im 5. Stock, das Fenster war offen. Die wollten einen Stimmungsbericht aus Wien haben. „Ein unerhörter Jubel, was soll ich sagen?" Ich habe nur den Telefonhörer zum Fenster halten müssen. „Ich lasse Sie mal hören, was sich da unten am Graben tut!"

Fackelzug, die ganze Nacht „Ein Volk! Ein Reich! Ein Führer!" Das war Massenhypnose, zur Potenz gesteigert. Von einer immensen Propagandatrommel aufgewirbelt. Das war ja auch etwas Neues! Lautsprecher überall, Fahnenpracht überall. Aber es war alles vorbereitet. Mein Hausbesorger, der Herr Winter, hat einen Tag vor dem Umbruch gesagt – auch ein kaisertreuer alter Herr: „Bevor einer von diesen Nazis da hereinkommt, schieße ich ihn nieder!" Er war sehr anständig. Er hat gesagt: „Die haben schon gestern gefragt, wie viele Juden hier im Haus wohnen, und ich habe gesagt, die Juden sind nicht da."

Einige Tage später war wieder mein Cousin, mit dem ich am 11. zusammen war, bei uns, da läutete es. Zwölf Uhr mittags. SS. „Sind Juden da?" „Ja, ich." – „Wer ist das?" „Mein Vetter." – „Mitkommen!" Wieder hat meine Mutter gefragt: „Wohin denn?" „Also, das geht Sie nichts an." Wir sind in die Habsburgergasse 4 gebracht worden – auf der rechten Seite vom Graben –, wieder zum Putzen, Geschirrabwaschen. Dort habe ich meine Pressekarte und mein Leben riskiert. Ich habe mir gedacht: „Jetzt mache ich das nicht mehr mit, jetzt setze ich alles auf eine Karte. Entweder – oder. Entweder ich gehe jetzt heim oder ich komme nach Dachau, sofort."

Und ich habe meine Pressekarte herausgenommen, mit Polizeistempel und meinem Lichtbild. Da stand drauf: „Wiener Berichterstatter Grenzbote Pressburg, Morgenblatt Zagreb, Tagesbote Brünn". Sage ich: „Schauen Sie, ich bin Journalist. Ich habe jetzt enorm viel hier zu tun in Wien. Grandiose Tage, viele Berichte." „Warten Sie hier!", sagt der Aufpasser und geht mit dem Ausweis weg. Ich denke mir: „Jetzt sehen die etwas Schönes. Ich bin Jude, ich bin Journalist, und er rühmt sich noch damit."

Ich habe gewartet und gewartet. Dort saß so ein Untergebener, zu dem hat der SS-Mann geschrien: „Mach die Tür auf, der Jud kann nach Hause gehen!" Und er hat mir die Pressekarte zurückgegeben und ich konnte nach Hause gehen. „Danke vielmals!", und weg war ich. Und die Mama hat gesagt: „Du bist schon wieder da?", sage ich: „Ja, ich habe die Pressekarte hergezeigt."

Das war ja zum Teil für diese Leute eine Hetz. Das Straßenputzen war ja eine Volksbelustigung. Viele Leute haben aus dem Fenster geschaut und gejohlt, als die Juden auf der Straße geputzt haben. Also, nicht jeder hat gejohlt. Manche haben sich abgewandt und die Fenster zugemacht. Aber das war für die Jugendlichen eine Volksbelustigung – viele sind herumgegangen und haben geschrien: „Ich bin ein jüdisches Schwein, ich kaufe nur bei Ariern ein" und was weiß ich. Oder: „Ich bin ein arisches Schwein, ich kaufe nur bei Juden ein."

Da haben sie sogenannte Arier ausgezeichnet. Das hat man alles gesehen. Schauen Sie, in Wien war ein Umbruch. In Deutschland hat sich das alles sukzessiv entwickelt. Aber hier ist es in einer solch rasanten Form über Nacht geschehen, dass man in Wien gesagt hat, am Zentralfriedhof weiß man überhaupt nicht mehr, wie man die vielen Selbstmörder begraben soll. Tag und Nacht und am Samstag. Es waren ja hunderte Selbstmorde in diesen Tagen.

Ich bin in Wien geboren, meine Eltern, meine Großeltern waren in Wien geboren und jetzt auf einmal konnte ich, wegen meiner religiösen Abstammung, in keinen Park gehen, auf keiner Bank sitzen. Wir waren Ausgestoßene über Nacht. Das war schon bitter. Die Menschheit war erfasst von einem unerhörten Jubel. Wobei ich sagen muss, es haben nicht alle gejubelt. In unserem Haus, Am Graben Nummer 12, hat die Burgschauspielerin

Blanka Glossy gelebt. Ihr Vater, Hofrat Karl Glossy, war ein berühmter Grillparzerkenner, er hat sehr viele Bücher geschrieben. Die Glossys waren eine feine bürgerliche christliche Familie – diese Leute waren entsetzt. Im dritten Stock, ein Stockwerk unter uns, war die Familie des Bäckers Fritz, ein langjähriger Freund, fast ein Familienmitglied, der ist herumgegangen und hat sich geschämt! Der hat sich geschämt! Neben uns, der zweite Nachbar, Professor Leopold Freund, ein berühmter Röntgenologe, Ehrendoktor von Oxford und alles Mögliche, hat mir auf der Stiege gesagt, dass ich für ihn ab heute ein Aussätziger wäre. Nach zwei Tagen hat sich der Juwelier Willinger bei uns im Haus umgebracht. Das alles waren natürlich fürchterliche Ereignisse.

Wenn meine Mutter einkaufen gegangen ist, hat sie Geschichten gehört: „Also, die Frau Donner vom Nachbarhaus, ihr Mann und ihr Sohn sind schon am ersten oder zweiten Tag nach Dachau gebracht worden …" Man hat dann auch schon bald gemeldet oder erzählt, dass man aus Dachau die Nachricht bekommen hat, wenn man so und so viel Schilling einschickt, bekommt man die Asche zurück – „Ihr Mann ist verstorben" oder „Ihr Sohn ist verstorben". Schon eine bittere Sache. Man hat es natürlich erlebt, als einen Umbruch von tragischster Folge. Wie viele Leute haben damals gesagt: „Was wird Amerika dazu sagen? Die werden doch nicht schweigen, das ist doch die größte Demokratie."

Was hat Amerika damals getan? Roosevelt hat nichts getan. Ich erinnere mich, in Wien ist eine jüdische Zeitung erschienen, da wurde eine Rede des sogenannten „Führers" zitiert: „Wenn ein Land sich bereitfände, die Juden aufzunehmen, würde ich Luxusschiffe zur Verfügung stellen." Ich glaube, der „Herr Führer" hätte Schiffe zur Verfügung gestellt. Kein Land hat sich bereit erklärt, sogenannte nicht arische Leute aufzunehmen. Ich war als Musikkritiker viel in Amerika unterwegs. Von Phoenix, Arizona, nach Santa Fe in New Mexico. Da fährt man sechs, acht Stunden durch unbewohntes Land. Sie sehen nur wilde Pferde. Also, da wäre Platz gewesen für Millionen Menschen. Es waren auch in

Amerika wirtschaftlich schlechte Zeiten, aber es gab Platz genug. Und in Kanada wäre Platz genug gewesen. Um ganz gerecht zu sein, sehe ich das heute auch als eine Tragödie der sogenannten Demokratie. Natürlich hat niemand gewusst, was nach dem ersten Jubel des „Anschlusses" kommt.

Die Konsulate waren belagert. Die Leute haben auf alle mögliche Art und Weise versucht, Affidavits für die Auswanderung nach Amerika, Permits für England zu bekommen, Visa zu kaufen nach Südamerika und alles Mögliche. Und viele Familienangehörige von mir haben gesagt: „Was kann denn uns geschehen? Wir sind hier geboren, wir sind bodenständige Österreicher, bodenständige Juden. Das wird vielleicht nur die polnischen Juden treffen, die Eingewanderten, jene, die aus Berlin gekommen sind. Die werden wieder vertrieben werden, aber wir nicht, wir sind doch Österreicher."

Ich meine, ich bin in Österreich in die Schule gegangen, ich war Österreicher. Ich habe mich doch als Österreicher gefühlt und nicht als Christ oder als Jude oder als Protestant. Die Religion war bis zum März 38 schließlich doch nur eine nebensächliche Angelegenheit.

Die Nazipropaganda in Österreich hat gewirkt. Ungefähr ein Jahr vor dem „Anschluss" kam ein Mann zu mir in die Wohnung, hat sich vorgestellt und sich sehr für meine Berichte im „Tagblattjournal" über diverse Sammlungen interessiert. „Ich habe auch eine Sammlung." – „Was haben Sie für eine Sammlung?" „Ich habe eine Sammlung von allen Wienern." Sage ich: „Was heißt das?" „Also, wer ein Klavier verkauft, wer wohin übersiedelt, über das alles führe ich Register." Ich habe sofort einen Artikel geschrieben: „Der Mann, der alle Wiener kennt!" Drei Wochen nach dem Umbruch ist der Mann wieder zu mir gekommen und hat mir erzählt, er habe das alles für die Nazis geschrieben. „Ich habe das ja im Auftrag gemacht." Und ich habe ihm mit dem Artikel ziemlich geholfen, ohne dass ich gewusst habe, dass das ein illegaler Nazi war. Die haben effektiv Buch geführt, wo ein

Zimmer zu vermieten war, wo Wertgegenstände verkauft wurden. Jede kleine Annonce im kleinen Anzeiger hat der Mann verfolgt und nach Kategorien registriert. Das ist nur ein ganz winziges Beispiel, wie die illegale Wühlarbeit funktioniert hat. Ich habe ihn damals gefragt: „Was hat das für einen Zweck?" „Ja, dadurch wissen wir schon, wer eventuell Sachen, Wohnungen aufgelöst hat, wer Wertgegenstände verkauft hat, wer ins Ausland gehen wollte oder gegangen ist." Alles, wo Adressen oder Namen waren, hat dieser Mann registriert. Man konnte schon vor dem 11./12. März spüren, dass da irgendetwas in der Luft liegt.

Man hat etwas gespürt. Ich habe gespürt: „Da kommt etwas." Ich habe einem meiner Onkel gesagt: „Weißt du was, am liebsten möchte ich über das Wochenende nach Pressburg fahren. Ich bin in Pressburger Kreisen bekannt." – „Ach, das wäre doch Feigheit, eine Stimme weniger für Schuschnigg!" Aber zum Glück bin ich nicht gefahren. Wenn ich nämlich in Pressburg gelandet wäre, hätte ich mich schon außerhalb Österreichs befunden. Dann wäre es viel schwerer gewesen, weiterzukommen, weil die Engländer oder die Amerikaner gesagt hätten: „Na, er hat sich ja schon aus Österreich gerettet, er ist ja schon in Pressburg. Er ist ja bereits in der Tschechoslowakei." Da hätte wohl niemand gedacht, dass in zehn Monaten die Tschechoslowakei auch drankommt, nicht?

So bin ich in Wien geblieben. Ich weiß nicht, man hat es nicht wahrhaben oder nicht denken wollen, dass so etwas kommen kann. Man hat wahrscheinlich gedacht, dass ein Protest des Auslands stattfinden wird. Viele haben ihre Hoffnungen auf Mussolinis Italien gesetzt, das ja schon einmal, im Juli 1934, durch seinen Protest eine deutsche Machtübernahme verhindert hat.

Aber es ist heute leicht zu beschreiben, wie damals die Propaganda gewirkt hat. Die Dienstmädchen waren begeistert von den Soldaten! Der „Zauber der Montur" hat gewirkt – wenn auf der Straße die Fackelzüge waren, sind die voll weggerannt. Sie haben sich ja nichts sagen lassen. Das war alles aufgetrommelt. Leute, die in jüdischen Geschäften angestellt waren, haben dann einfach die Firmen übernommen. Das ist eben die Bestie im Menschen. Wer sagt denn: „Wehe, wenn sie losgelassen!" Das würde auch hier passieren. Das würde in Amerika genauso sein. Wenn es heute heißt, die Schwarzen oder die Weißen sind Freiwild, jeder kann sie verfolgen, dann würden sie das auch hier machen. Das ist die menschliche Natur. Ob sie es so brutal machen möchten, mit solcher Gründlichkeit, wie es die Nazis gemacht haben, das bleibt dahingestellt. Aber im Allgemeinen steckt die menschliche Bestie in jedem von uns drinnen.

Ich weiß nicht, ob man verzeihen kann, aber man kann Verständnis haben, wenn Gemeinheit in diesem Ausmaß legalisiert wird: Ihr dürft Juden umbringen, ihr dürft Juden plündern und erschlagen oder ins KZ bringen lassen. Da tut man es.

Wien war ja doch sozialdemokratisch. Trotz allem, was Dollfuß gegen die Sozialdemokraten angestellt hat. Man hat zu viel Vertrauen in Bundeskanzler Schuschnigg gehabt. Er war ja sehr „rot-weiß-rot bis in den Tod" bei seiner Rede in Innsbruck.*

Schuschnigg hat wahrscheinlich geglaubt, dass er Mussolinis Unterstützung haben wird. Aber in Frankreich war gerade ein Regierungswechsel, England hat Sorgen gehabt, Amerika lag sehr weit vom Schuss. Geschehen ist nichts, weil sich die Leute hier überhaupt keine Vorstellungen gemacht haben. Schauen Sie, mein zweiter Job hier in New York war in einem Büro. Da habe ich oft erzählen müssen, wie das gewesen ist, als die Nazis gekommen

---

* Bundeskanzler Kurt Schuschnigg hat am 9. März 1938 bei einer Rede in Innsbruck die Abhaltung einer Volksbefragung über die Zukunft Österreichs für „ein freies und deutsches, unabhängiges und soziales, christliches und einiges Österreich" am Sonntag, den 13. März angekündigt. Es war der letzte – verzweifelte – Versuch, die Unabhängigkeit Österreichs zu bewahren. Die Vorbereitungen für diese Volksbefragung waren schon weit gediehen. Innerhalb weniger Stunden wurde Österreich mit einer groß angelegten Propagandakampagne überzogen. Demonstrationen von Gegnern des Nationalsozialismus beherrschten die Straße.

sind. „Warum hast du nicht auf die Nazis geschossen?" Habe ich gesagt: „Erstens sind wir dort ja nicht herumgegangen wie im Wilden Westen, und wenn ich auf einen Nazi geschossen hätte, was hätte es genützt?"

Einer hat geschossen, einmal, der Herr Grynszpan, in Paris auf den Herrn von Rath.* Na, und darauf war die „Kristallnacht". Aber die Leute hier in Amerika haben überhaupt keine Vorstellung. Unser Leben hat sich blitzartig verändert. Von einer Stunde auf die andere! Meine Mutter und ich waren vor die Wahl gestellt: Selbstmord oder Auswanderung! Es hat keine andere Alternative gegeben. Und natürlich haben wir uns für die Auswanderung entschlossen. Ich habe immer gesagt, Auswanderung ja, aber nur nach dem Westen. Ich wäre nie nach Italien oder in die Tschechoslowakei gegangen. Das war alles nicht mehr sicher. Ich habe Angst gehabt.

Ja, ich werde nie vergessen, wie schrecklich die Zeit war. Sie war unheimlich. Nachdem ich ein- oder zweimal auf der Straße verhaftet und zum Putzen gezwungen, einmal sogar von der Wohnung abgeholt worden bin, bin ich wochenlang nicht mehr hinausgegangen. Obwohl ich eigentlich studiert habe, bin ich meistens erst am Abend und mit einem schwarzen Regenmantel außer Haus gegangen, sodass ich wenigstens von hinten wie ein SS-Mann ausgesehen habe. Ein Deck- oder ein Schutzmantel, wie ein Chamä-

---

\* Am 7. November 1938 wird der nationalsozialistische deutsche Diplomat Ernst von Rath in Paris vom 17-jährigen Herschel Grynszpan angeschossen. Der Attentäter hatte vor seiner Tat um Ausreisepapiere in der deutschen Botschaft angesucht. Grynszpan wollte gegen die Zwangsdeportation seiner Eltern protestieren. Er stellte sich der französischen Polizei. Hitler nützte den Vorfall für eine Propagandaoffensive. Er schickte seinen persönlichen Leibarzt zur Behandlung des schwer verletzten Diplomaten nach Paris. Am 9. November starb Ernst von Rath. Die Nationalsozialisten instrumentalisierten diesen Vorfall und organisierten in ganz Deutschland das „Novemberpogrom", die sogenannte „Reichskristallnacht". Dabei wurden tausende jüdische Einrichtungen und Synagogen zerstört, jüdische Bürger verschleppt und getötet.

leon. Ja, man hat Angst gehabt. Man hat bei jedem Läuten an der Haustür Angst gehabt. Meiner Mutter ist nichts geschehen. Aber ich war seit Ende März bis Mai oder Juni nicht auf der Straße. Zum Glück hatte ich einen Bekannten in Wien, der für den „Tagesboten" und „Grenzboten" als Inseratenagent gearbeitet hat. Er war ein Kriegsbeschädigter aus dem Ersten Weltkrieg, mit einem Auge, ein sehr mutiger Kerl. Er ist dann nach England ausgewandert. Mit dem bin ich herumgegangen. Da hat er immer gesagt: „Komm mit mir, häng dich ein, ich mache das andere Auge zu und da soll ich sehen, dass dich einer wegnimmt von mir. Ich habe ja meine Legitimation, ich bin ein Kriegsbeschädigter." Zwei oder drei Mal habe ich das ausgenützt und bin mit ihm zu verschiedenen Polizeidirektionen, um einen neuen Pass zu kriegen. Ich habe dann versucht, nach Dänemark zu fliehen.

Ich habe einen Freund in Kopenhagen angerufen und gefragt: „Kann ich kommen?" „Ja natürlich, unser Haus steht dir offen." Und so bin ich zum dänischen Konsulat am Fleischmarkt gegangen. Der dänische Konsul war ein junger Meinl, von der Firma Meinl. Da hat noch kein Visumzwang zwischen der angeschlossenen „Ostmark" und Dänemark bestanden, ich habe mich vorher vergewissert. „Kann ich mit diesem Pass nach Dänemark fahren?" „Natürlich, warum nicht?"

Ich bin am Flughafen Aspern in eine Maschine nach Berlin gestiegen, und in Berlin haben sie gesagt, ich müsse noch umsteigen. Da war ein Deutscher, der sagt mir: „Ihr Flug ist umsonst." Das waren seine Worte. Sage ich: „Was heißt, der Flug ist umsonst?" „Sie kommen wieder zurück." – „Warum?" „Na, wir haben schon seit drei, vier Tagen täglich ein oder zwei Herren oder Damen, die nach Dänemark kommen. Die werden nicht hereingelassen." Sage ich: „Ich werde dort aber von meinem Freund erwartet." „Ja, ja, das kann schon sein." Frage ich: „Was geschieht denn mit den Leuten, die zurückkommen?" Ich habe zehn Mark in der Tasche gehabt. Die durfte man ja mitnehmen. Zehn Mark und ein kleines Gepäck habe ich gehabt. „Die können wieder nach Wien fliegen. Riskieren Sie es?" Sage ich: „Ich werde es riskieren." Wir kommen in Dänemark an, mein Freund, ein junger Kerl, war da und begrüßt mich. „Jetzt gehen wir mal da durch." Und ich komme zur Passkontrolle. Erst wurden die Dänen hereingelassen, dann wurden alle anderen hereingelassen und dann ich, der Österreicher. Ich war der einzige Österreicher an dem Tag, und da war ein Beamter, der hat gesagt: „Sie gehen zurück!"

Ich glaube, von zwei Uhr nachmittags bis sechs Uhr abends habe ich mit diesem Mann verhandelt. Da habe ich alles mitgemacht, ohne ihm etwas vorspielen zu müssen. Gebeten und gebettelt, gebrüllt und geschrien und mich aufgeregt. „Der Konsul in Wien, der Generalkonsul, wie kann man mich da herschicken!" Mein Freund hat draußen gewartet, er ist hereingekommen, hat angeklopft, mit jedem gesprochen. Er konnte auch nichts machen.

Also, es geht zurück. Man hat mich in einem Auto in die Polizeidirektion gefahren. Auf dem Haus stand „Körkörmaster", das war so eine Art Kerkermeister, eine Quarantänestation. Dort hat es geheißen: „Sie dürfen alles mitnehmen, nur nicht Rasierklingen oder Messer. Haben Sie Rasierklingen?" Sage ich: „Natürlich habe ich Rasierklingen. Warum nicht?" Sagt er: „Wir haben schon zwei Leute aus Wien gehabt, die haben Rasierklingen gehabt, die haben sich hier umgebracht. Da mussten wir noch die Begräbniskosten bezahlen." Das war ein Gemütsmensch.

Kurz und gut, ich kam da zum „Körkörmaster" herein. „Darf ich einen Brief schreiben?" Ich hatte Verwandte in England, die schon früh ausgewandert sind. „Ja, ja, Sie können einen Brief schreiben." Den Leuten in diesem „Körkörmaster"-Büro habe ich nicht genug erzählen können, was sich in Wien tut. Die haben mir bestätigt, dass jeden Tag jetzt Leute aus Wien eintreffen. Schrecklich. Ich habe nach England geschrieben, damit man eventuell, wenn ich nach Dachau kommen sollte, meine Mutter verständigt, was mit mir geschehen ist.

In der Früh habe ich ein herrliches Frühstück erhalten – ein englisches Frühstück –, aber mir war nicht zum Essen. Ich habe einen Kaffee getrunken. Dann ist wieder der Mann vom Flugplatz erschienen und hat mich abgeholt. „Ja, wenn Sie schon ein englisches Visum gehabt hätten, hätten Sie hereinkommen dürfen." Sage ich: „Wenn ich schon ein englisches Visum gehabt hätte, wäre ich nicht über Dänemark gekommen." Die Dänen haben damals schon Angst gehabt, dass auch sie von den Deutschen gestürmt werden – und dann haben sie noch österreichische Juden hinausgeworfen.

Kurz und gut, ich kam zurück nach Berlin. Ja! Zuerst sage ich: „Wo kann ich denn jetzt den Brief aufgeben? Sie haben mir ja erlaubt, einen Brief zu schreiben!" Da war ich schon ruhig, und er auch. „Den Brief können Sie erst in Berlin aufgeben, denn Sie waren ja offiziell gar nicht in Dänemark."

Was da alles in dem Brief dringestanden ist, über die Situation in Wien. Da habe ich gesagt: „Entschuldigen Sie, kann ich noch kurz hinausgehen?" Also bin ich aufs Klo gegangen, habe den Brief zerrissen und verbrannt, und weg war er. Ich habe mich nicht getraut, etwas über die Lage in Wien schriftlich nach England zu berichten, ich hätte ja auch in Berlin verhaftet werden können. Also war auch dieser Brief umsonst.

Ich bin nach Berlin gefahren, dort hat mich derselbe Mann mit den Worten empfangen: „Na, was habe ich gesagt, Junge! Da sind Sie ja wieder!" Sage ich: „Wie komme ich jetzt nach Wien?" „Regen Sie sich mal nicht auf, Mann. Telegrafieren Sie mal an Ihre Mutter, sie soll Ihnen hundert Mark herschicken, und dann essen Sie mal Frühstück hier, und dann fahren Sie mit der Bahn zurück." Ich habe nach Wien telefoniert, die Mama war am Telefon, sage ich: „Ich rufe aus Berlin an." – „Was, du bist noch immer in Berlin?" „Nein, ich bin schon wieder in Berlin, ich brauche hundert Mark. Hier hergeschickt, telegrafisch." Das Geld kam auch nach vier, fünf Stunden. Es waren nämlich in Wien am Samstag alle Banken zu, und es war verboten, Mark ins Ausland zu telegrafieren. Die Mama hat irgendwie jemanden aufgetrieben, der jemanden gekannt hat, und die hat jemanden bei der Länderbank gekannt und hat jemanden da in der Früh aus dem Schlaf geweckt und gefragt: „Wie kann man hundert Mark nach Berlin an einen Wiener telegrafieren, der zurück will?", und der hat das durchgeführt. Ich habe mir dann ein Taxi genommen, bin zum Anhalter Bahnhof gefahren und wollte einen Zug nach Wien erreichen. Dort bin ich todmüde angekommen – vor dem Wegfliegen habe ich wenig geschlafen, die Nacht in Dänemark habe ich nicht geschlafen, im Zug zurück in der Nacht über Prag nach Wien habe ich ja auch kaum geschlafen.

Trotzdem bin ich gleich zum dänischen Konsulat gegangen. Ich dachte mir: „Jetzt gehe ich mal zu Herrn Meinl und zeige ihm meinen Pass." Der war groß abgestempelt: „Abwiest", „abgewiesen". Ich habe das dänische Konsulat aufgesucht, das voll mit Menschen war. Ich habe dem Fräulein gesagt, dass ich mit dem Generalkonsul sprechen möchte, „sofort!", ganz egal wer da ist, „dringend!". Ich war sehr aufgeregt. Sie muss hineingegangen sein und gesagt haben: „Da ist ein Verrückter draußen." Ich bin also reingekommen. Sage ich: „Kann ich mit diesem Pass nach Dänemark fahren?" „Ja, ja." Sage ich: „Schauen Sie sich den Pass innen an. Wie können Sie all den Leuten sagen, sie könnten nach Dänemark fahren? Schauen Sie, was da drinsteht: ‚Abwiest'." Da schaute der Mann sehr betreten. Ich habe nicht einmal das Geld fürs Visum zurückbekommen. Das war mein dänisches Abenteuer.

Heute lacht man darüber oder erzählt das als eine Erfahrung. Sie müssen sich denken, in der Zeit damals hat man gezittert. Denn sagen wir, es wäre nicht derselbe Mann in Berlin wieder gewesen, sagen wir, es wäre ein Nazi gewesen. Der hätte gesagt, der kommt zurück, und gleich nach Dachau mit ihm. Das könnte in seiner Macht gewesen sein. Bei ihm war ich aber vollkommen ruhig. Sie haben in Berlin kaum einen Menschen mit einem Hakenkreuz gesehen. Berlin war eine vollkommen ruhige Stadt.

Heute ist New York zwar meine Heimat, aber ich bin da nicht daheim. Wissen Sie, man hat die Komikerin Gisela Werdecig einmal gefragt, ob sie „happy" ist hier. Sie kennen den Witz. Sagt sie:

„Happy bin ich schon, aber glücklich bin ich nicht." An eine Rückkehr nach Wien habe ich schon gedacht. Nur wegen meiner blöden Kurzsichtigkeit bin ich nicht zur Army gekommen. Mich hat man nicht gebraucht. Leider auch nicht für den Kanzleidienst. Wäre ich so glücklich gewesen, mit der amerikanischen Armee nach Wien zu kommen, wäre ich da gewesen. Meine guten Freunde waren dort: Weißermann, mit dem ich ausgewandert bin, den ich gesehen habe – jetzt ist er tot –, Marcel Prawy, mein Schul- und Universitätsfreund, mit dem ich auch per Du bin. Lothar war da, in amerikanischer Uniform, Hofrat Ernst Lothar, der sich in Wien nach dem „Anschluss" angeblich den Nazibehörden zur Verfügung stellen wollte, er würde mitarbeiten.

Ich erinnere mich an Ernst Lothar, und ich habe ihn noch ein oder zwei Tage vor dem 11. März gesehen. Bei den Demonstrationen in der Kärntner Straße, an der Ecke Krügerstraße auf der linken Seite, wenn man zur Oper geht, ist er mit seinem blauen Hut gestanden. Er hat einen Laternenpfahl umklammert und ist dagestanden mit einem Ausdruck: Weltuntergang. Der ist mir unvergänglich. Dieser Anblick des Lothar: Was ist in ihm vorgegangen, damals dort? Er war ein sehr sensibler Mann. Dann habe ich gedacht: „Der Lothar steht ja da, als würde die Welt untergehen!" Und dann lese ich, er soll sich angeblich gleich angeboten und zur Verfügung gestellt haben. Ich kann das nicht glauben.*

---

* Ernst Lothar, eigentlich Ernst Lothar Müller, wurde am 25. Oktober 1890 in Brünn geboren. Er war ein österreichisch-mährischer Schriftsteller, Regisseur und Theaterleiter. Ernst Lothar heiratete die Kammerschauspielerin Adrienne Gessner (eigtl. Geiringer). Nach dem Studium der Rechte in Wien arbeitete Ernst Lothar (Müller) zunächst als Staatsanwalt und später als Präsidialchef im Handelsministerium, wo er an der Gründung der Wiener Messe mitwirkte. Ab 1925 machte sich Ernst Lothar als Theaterkritiker der „Neuen Freien Presse" und zunehmend als Regisseur einen Namen. Bereits ab 1910 schrieb Lothar Lyrik, aber vor allem Novellen, Essays und zahlreiche Romane. In seiner Themenwahl bevorzugte er zum einen sexualpsychologische Problematiken, darüber hinaus Gesellschafts- und Zeitprobleme nach dem Zusammenbruch der Donaumonarchie. Noch heute sind von ihm vor allem

Retten wollte sich jeder. Kennen Sie die englische Klemperer-Biografie? Als die Nazis 1933 in Berlin an die Macht gekommen sind, hat Klemperer seinen Sohn, den jetzt in Amerika lebenden Schauspieler Walter Klemperer, aus der Schweiz nach Deutschland zurückkommen lassen: Was für große Tage in Berlin sind, die darf er nicht versäumen. Er wollte eine jüdische Nationalistische Partei gründen.

Ja, es gibt solche Sachen. 14 Tage später ist ein Vetter Klemperers aus Berlin spurlos verschwunden. Klemperer hat das gehört, ist nach Hause gegangen und mit dem nächsten Zug in die Schweiz gefahren. Wenn es nicht den Eigenen an den Kragen geht, glaubt man es ja nicht!

Hat man es denn in Wien geglaubt? Das war doch ein Kulturvolk, ein abendländisches Land! Dass so was möglich ist, im 20. Jahrhundert!? Daran hat wohl niemand glauben können! Nicht wollen. Man hat das für unvorstellbar gehalten. Man hat sich nicht vorstellen können, welche Frucht diese Saat gebiert,

---

der mit Paula Wessely verfilmte Roman „Der Engel mit der Posaune" (1943) und die Erzählung „Die Tür geht auf" (1945) bekannt. Auch seine frühe Romantrilogie „Macht über alle Menschen" (1921 ff.) erreichte ein breites Publikum.

Bei seinen ersten Regiearbeiten am Theater in der Josefstadt trat Lothar besonders als Spezialist für Grillparzer-Inszenierungen hervor. 1935 übernahm er als Nachfolger von Max Reinhardt die Leitung des Theaters in der Josefstadt in Wien. Von 1938 bis 1946 hielt sich Lothar in den USA im Exil auf, in das er über die Schweiz und Frankreich gelangte. Er lebte zunächst in New York, wo er gemeinsam mit seinem Freund Raoul Auernheimer (1876–1948) „Die Österreichische Bühne/The Austrian Theatre" gründete, die jedoch rasch scheiterte. Lothar war auch in der österreichischen Exilbewegung aktiv, so wirkte er am „Free Austrian National Council" und bei der „Austrian Action" mit. 1946 kehrte Ernst Lothar – gemeinsam mit Adrienne Gessner – als Beauftragter für Theater und Musik des US-amerikanischen Office of War Information nach Wien zurück und widmete sich zahlreichen Regiearbeiten an verschiedenen Häusern (unter anderem bei den Salzburger Festspielen). Ab 1953 war er knapp zehn Jahre lang Oberspielleiter am Wiener Burgtheater. Lothar starb im Oktober 1974 in Wien.

diese Unsaat, die da gekommen ist. Holocaust – es hat ja niemand etwas gewusst, damals! Natürlich sind Juden oder auch Promis oder Sozialdemokraten, ein Gutenberg, Schuschnigg oder wer immer nach Dachau gebracht wurde, unmenschlich behandelt worden und erst herausgekommen, wenn sie ihr Visum gehabt haben. Aber dass die Nazis eine solche Massenausrottung planen, konnte doch niemand ahnen. Dass es zum Krieg kommen wird, das hat man gewusst. Ich glaube, das hat jeder klar gewusst. Was hätte Hitler machen können außer Krieg?

Ich habe in Wien zwei Mal die Stimmen von intelligenten Juden gehört: „Dieses herrliche ‚Bravo'- und ‚Heil'-Rufen auf der Straße. Warum können und dürfen wir da nicht mitjubeln? Was haben wir verbrochen? Warum schließt er uns aus, wir sind doch auch Österreicher und Deutsche?" Und ich muss sagen: Heute, wenn man das alles bedenkt, weiß ich nicht, ob Hitler wirklich nur durch den Antisemitismus groß geworden ist. Wenn er ohne Antisemitismus, ohne Judenverfolgung regiert hätte, er hätte doch gewonnen! Er hätte einen Einstein gehabt und alle die jüdischen Wissenschaftler und alle Schriftsteller und alle … Nicht, dass ich das gewünscht hätte, aber es wäre dann ein Sieg für Deutschland gewesen ohne jeden Holocaust.

Steffy Browne

# „Die Leute waren einfach feig. Sie haben das Hakenkreuz getragen, ob sie daran glaubten oder nicht."

## Zur Person

Martha Stephanie („Steffy") Braun wurde am 12. Dezember 1898 in Wien geboren. Sie besuchte die Volksschule der Piaristen in Wien-Josefstadt, maturierte am Lycée und studierte an der Universität Wien. Dort war sie eine der ersten weiblichen Studenten der Nationalökonomie. Sie schloss sich dem Kreis der „Österreichischen Schule der Nationalökonomie" an. Ab 1925 nahm sie mit etwa zwei Dutzend Studenten, Dozenten und Professoren regelmäßig am „Privatseminar" von Universitätsprofessor Ludwig von Mises teil. Man traf sich alle zwei Wochen in der Wiener Handelskammer. Über diese wissenschaftlich äußerst produktive Zeit schrieb Braun (Browne) in den 80er-Jahren in den USA ein Buch: „Erinnerungen an das Mises-Privatseminar". Die Liste der Teilnehmer repräsentiert die Spitze der Wissenschaft jener Zeit in Wien. Etwa ein Viertel der Teilnehmer waren damals Frauen, eine für die 20er-Jahre bemerkenswerte Tatsache. Martha Steffy Braun schrieb auch in einer Zeitschrift „Die Österreicherin" und griff dabei Themen auf, die auch heute noch aktuell sind. Dazu gehörte 1929 eine wirtschaftswissenschaftliche Arbeit über die „Doppelbelastung von Frauen in Haushalt und freiem Beruf". Mit ihrem Aufsatz „Die Doppelnote: Währungspolitische Projekte der Nachkriegszeit" versuchte sie, die Geldtheorie von Mises anzuwenden. In der Emigration arbeitete Martha Steffy Browne am Brooklyn College in New York. Sie hielt den Kontakt zu vielen Mitgliedern der „Österreichischen Schule" in der Emigration.

„The Austrian Economics" sollten sich bis heute als extrem wichtige und einflussreiche Schule der Wirtschaftswissenschaften in den USA etablieren. Friedrich August von Hayek – zur vierten Generation der „Austrian Economists" gehörend – erhielt den Nobelpreis.

*

Mein Vater war Arzt, also er war nie religiös, sondern Darwinist.* Er stammt aus einer sehr guten tschechischen Familie, und interessanterweise haben sehr viele aus unserer Familie in christliche Kreise geheiratet, es hat sich halt so ergeben. Mein Vater hat keine religiösen Bedenken gehabt, er hätte sich auch taufen lassen, aber er wollte nicht als Opportunist gelten. Er hat gesagt: „Dann würde man sagen, ich tue das aus Streberei, weil ich eine Dozentur haben will. Und das brauche ich nicht." So hat er sich eben nicht taufen lassen. Aber er war gar nicht religiös.

Ich habe mich nach meiner Hochzeit taufen lassen, und meine Tochter war protestantisch. Damals hat man doch in Wien – das gibt es heute auch dort nicht mehr – wirklich gutes Personal bekommen. Ich konnte also trotz Kind auf die Universität. Ich habe mein Buch geschrieben, als meine Tochter, die Dorli, schon geboren war. Das erste Buch, die Dissertation, war fertig. Die soll angeblich gestohlen sein. Damals sind doch die Bücher nicht gedruckt, sondern getippt worden. Ich habe wirklich sehr viele Stunden geschrieben und sehr viel gelesen. Ich konnte gut Englisch, deshalb konnte ich alle englische Literatur lesen. Ich konnte nicht so gut sprechen, aber ich konnte gut lesen. Und ich habe jeden Tag an der Universität gearbeitet. Beschleunigt wurde es dann nach dem Kongress im Jahr 1928. Da habe ich schon sehr viele

---

\* Anhänger der Evolutionstheorie von Charles Darwin (1809–1882). Die Vielfalt des Lebens wird auf physikalisch-chemische Weise erklärt. Ein Eingriff Gottes, ein „intelligentes Design" wird geleugnet.

deutsche Ökonomen kennengelernt. Und dann, 1928 war ein großartiger Kongress in Zürich vom Verein für Socialpolitik, das war so ein bisschen wie das Abendrot vor dem Sturm. Einer der Leute, die wirklich sehr brav waren und den Verleger gedrängt haben, war Hans Kelsen. Kelsen war der Dekan, als ich mein Doktorat bekommen habe. Er hat uns wirklich sehr gefördert. Natürlich auch Ludwig von Mises, aber Kelsen war der entscheidende Mann.

Im September fand der Kongress statt, im November / Dezember 1928 kam mein Buch „Theorie der staatlichen Wirtschaftspolitik" heraus. Und dann hat es enorme Reviews bekommen. Ich konnte immer noch publizieren, aber es war dann nach dem Jahr 1933 in Deutschland natürlich nicht mehr so einfach. Das Buch durfte nicht mehr an der Universität verwendet werden. In Österreich schon, aber in Deutschland nicht.

Das war unser Jahrzehnt. Wir hatten noch einen Kongress im Jahr 1932 in Dresden. Das war der letzte Kongress vom Verein für Socialpolitik. Wissen Sie, dass da junge Leute waren, die noch geglaubt haben, dass der Hitler nicht an die Macht kommt? Er hat schon Wahlen gewonnen gehabt, aber sie haben gesagt, dass wir ihn wieder loswerden. Das ist doch unglaublich.

Und dann die Märztage 1938. Schauen Sie, mein Mann war irgendwie mit seiner Firma verheiratet. Als Hitler gekommen ist, war er gar nicht in Wien, sondern in der Schweiz – bei einer internationalen Getreidefirma. Das ist ja sehr einfach gesagt. Wir haben Zweigstellen in Bulgarien und in Rumänien gehabt und verkauft, je nachdem, was es für ein Jahr war, nach Dänemark, nach Deutschland und so weiter. Gerste, zum Beispiel, haben wir viel für die Brauereien verkauft. Und mein Mann war gerade in der Schweiz, als das ausgebrochen ist. Dann kam Hitler, und da haben wir die Rede im Radio gehört. Ich habe ihn auch vor dem „Café Imperial" gehört, weil ich es einfach hören wollte. Aber die erste Rede war die, die man im Radio gehört hat, und das war schon sehr aufregend. Ich habe gewusst, dass ein neues Leben beginnt. Ich habe gesagt: „Lieber Gott, erlaube mir, dass ich immer werde schlafen können." Wenn man immer wieder schlafen kann, nach einer schlechten Nachricht, hilft einem das ja sehr.

Mein Mann hat den Entschluss gefasst, wegzufahren. Sie hätten ihn sogar noch länger behalten, weil er für sie ein wichtiger Mann war. Er besaß gute Verbindungen in die Tschechoslowakei. Einmal haben sie ihn verhaftet, weil alle im Hause verhaftet worden sind, und er hat ja keinen Arier-Pass gehabt. Nach zwei Stunden haben sie ihn wieder herausgebracht. Da hat man dann schon gesehen, dass man auswandern muss. Wir sind einmal im Prater spazieren gegangen, da hat man alle Leute für eine Art Prozession gefasst, aber ich habe keine Angst gehabt. Wissen Sie, man hat ja bei uns gleich Bescheid gewusst, als Hitler gekommen ist, das Grässlichste war ja dann erst im Jahr 1939. Als Hitler gekommen ist, haben wir gewusst, dass man seinen Job aufgeben muss. Aber ich habe nicht wirklich um mein Leben gezittert. Es waren Leute, die mehr exponiert waren. Das hängt ja davon ab, ob einer ein wilder Sozialist oder ein Freimaurer war, dann hat er sich mehr bedroht gefühlt und ist gleich in der ersten Nacht weg. Ich habe Freundinnen gehabt, deren Eltern sind sofort in der ersten Nacht weggegangen. Und andere sind bis zum Schluss geblieben. Und andere sind zu lange geblieben.

An die Rede von Schuschnigg kann ich mich erinnern, und an die Stimmung, als mein Mann sehr pessimistisch geworden ist und gesagt hat: „Er wird kommen." Wir waren viel zu Hause. Ich habe viel Radio gehört. Einmal wollte ich Hitler sehen, im „Imperial". Ich wollte es sehen, ja, und ich wollte diese Rede hören. Dann bin ich dorthin gegangen, mitten ins Geschehen. Ich habe Hitler am Balkon gesehen. Ich war unten, und er war oben. Ich wollte das nur aus der Distanz ansehen. Ich bin dann nach Hause gegangen.

Nach der „Kristallnacht" hat man gewusst, dass man weggehen muss, da hat es ja dann gar keine Wahl mehr gegeben. Ich kenne auch Leute, die versteckt wurden. Eine Schulkollegin von mir war getauft und mit einem Landesgerichtsrat verheiratet, und die haben sich einfach verborgen. Es muss schrecklich gewesen sein.

Wir sind sehr ruhig weggegangen. Wir haben eine sehr zeitige Kapitalfluchtnummer gekriegt. Man hat so eine Nummer erhalten, zum Auswandern. Da ist dann jemand gekommen und hat das Gepäck kontrolliert. Es ist eigentlich wenig geschehen. Etwas haben sie gestohlen, aber das war unbedeutend.

Geld konnten wir nicht abheben. Nein, nein. Das war eine Transaktion. Das durfte man nicht mehr. Das war verdammt schwer. Aber kleine Beträge von den Sparbüchern habe ich noch abgehoben. Wir haben schon vorher zum Beispiel Ringe und ein bisserl Schmuck gekauft. Wir haben etwas Geld im Safe gehabt in der Schweiz, das haben wir uns abgeholt. Das haben wir später benützt, damit wir die Kinder in die Schule schicken können. Von den Sparbüchern konnte man nichts mehr abheben, und Aktien auch nicht.

Ich habe natürlich sehr viel in Wien gelassen, weil es viel zu viel war, viel zu groß. Ich habe eine sehr schöne Wohnung in Wien im dritten Bezirk am Dannebergring gehabt. Als wir fortgefahren sind, hat uns die Köchin noch bis zum Südbahnhof begleitet.

Man hätte vor dem März 1938 eigentlich Zeichen erkennen müssen, aber man hat nicht viel davon gesprochen, man hat nicht daran geglaubt. Auch in privaten Kreisen hat man nicht viel über Hitler gesprochen. Man hat junge Nazis gesehen, in Kärnten, im Sommer oder auf Ausflügen. Man hat geglaubt, das sind halt Rowdies. Schauen Sie, das war in Österreich merkwürdig, hat man doch geglaubt, Hitler wird sich Österreich nicht nehmen. Man hat gewusst, er ist in Deutschland, man hat gewusst, dass es junge Nazibanden in Deutschland gibt, und man hat gewusst, dass man in Deutschland nicht mehr so tätig sein kann. Es sind ja viele Leute nach Wien ausgewandert. Ich habe viele Freunde gehabt, die in dieser Zeit aus Berlin gekommen sind. Natürlich habe ich auch in Wien eine antisemitische Stimmung gespürt.

Im Jahr 1933 war ich sehr befreundet mit einem Arzt, und der hat mir schon immer gesagt: „Ein Jude kann ein Bankdirektor sein, aber er kann nicht mehr habilitiert werden." Ich hatte allerdings keine Angst, etwa auf der Straße angepöbelt zu werden. Ehrlich gesagt, bis zum Jahr 1938 war das nicht aktuell. Es war vielleicht geheim, aber es war nicht aktuell.

Schauen Sie, das muss ich Ihnen erzählen. Das habe ich ja jetzt auch manchmal Leuten erzählt, als man über Kurt Waldheim so viel geredet hat. Man muss wissen, dass die Leute einfach feig waren. Sie haben das Hakenkreuz getragen, ob sie daran glaubten oder nicht. Sie haben gehofft: „Da kann mir nichts passieren." Mein Mann war ein Schachpartner von einem sehr netten Kollegen. Und als Hitler gekommen ist, war mein Mann schockiert, als er den Mann mit einer Hakenkreuzbinde getroffen hat. „Zum ersten Mal sehe ich ihn auf der Kärntner Straße mit so einem großen Hakenkreuz." Aber mein Mann hat ihn entschuldigt. „Was soll er denn machen? Er hat Kinder. Weggehen kann er nicht, will er nicht. Er hat Angst, wenn er sich nicht öffentlich als Nationalsozialist deklariert." Mein Mann hat ihn ja dann weniger oft gesehen.

Meine Kinder sind weiter in die Schule gegangen bis zum Schluss – sie waren ja getauft, man hat ihnen nichts getan, es ist ihnen ja nichts passiert. Meine Tochter hat aber Freunde gehabt, die mehr angepöbelt worden sind. Den Enkel von Sigmund Freud hat sie gekannt. Der hat erzählt, dass sie in der Mittelschule angepöbelt worden sind. Aber die Dorli selber war getauft und war in einer Mädchenschule.

Wo ist heute für mich Heimat? Das ist eine sehr gute Frage. Wissen Sie, ich kenne Amerika und Österreich wirklich sehr gut. Ich war nach dem Krieg oft in Wien, wollte mir auch meine frühere Wohnung anschauen. Da wohnt jetzt ein Orthopäde drinnen, ich bin aber dann nicht reingegangen, ich wollte nicht stören.

Schauen Sie, ich bin eine New Yorkerin, in vielerlei Hinsicht natürlich. Ich bin eine New Yorkerin, das ist gar keine Frage, auch weil meine Kinder doch in der Gegend leben. Ich kenne alle Fehler von New York. Ich finde es anstrengend, aber anregend. Aber ich bin eine New Yorkerin, die noch hofft, bis zum Tod mit Europa verbunden zu sein.

Marta Eggerth

# „Die Liebe kann man nicht ausradieren."

## Zur Person

Marta (Martha) Eggerth wurde am 17. April 1912 in Budapest geboren. Nach einer Gesangsausbildung und einer frühen Karriere als musikalisches „Wunderkind" erreichte ihre Laufbahn mit Engagements in Hamburg und Wien einen ersten Höhepunkt. Sie trat in zahlreichen Operetten und Musikfilmen auf. Bei Dreharbeiten lernte sie den polnischen Startenor Jan Kiepura kennen und lieben. Jan Kiepura und Marta Eggerth galten als das Traumpaar des deutschen und österreichischen Musikfilms der 30er-Jahre.

Schon nach der Machtübernahme Hitlers 1933 konnte Eggerth aufgrund ihrer jüdischen Herkunft und als Ausländerin im Deutschen Reich nur noch von Fall zu Fall mit jeweiliger „Sondergenehmigung" beim Film arbeiten. Eggerth übersiedelte nach Wien, wo sie und ihr Ehemann Kiepura gefeiert wurden. Nach dem „Anschluss" Österreichs an das Deutsche Reich gingen Marta Eggerth und Jan Kiepura, der ein Engagement an der Metropolitan Opera in New York hatte, über Frankreich in die USA ins Exil. Zwischen 1944 und 1946 traten Marta Eggerth und Jan Kiepura bis zu acht Mal pro Woche am Broadway in Franz Lehárs Operette „Die lustige Witwe" auf. Robert Stolz hatte die Lehár-Operette für den Broadway adaptiert. Der spätere „Opernführer" Marcel Prawy arbeitete als Sekretär für Jan Kiepura.

Marta Eggerth lebt im Norden von New York und arbeitet als Gesangspädagogin.

*

Mein Mann, Jan Kiepura, hatte zum Glück im Februar 1938 einen Vertrag mit der Metropolitan Opera in New York. Er hat dort am 10. Februar 1938 in der „Bohème" debüttiert, übrigens mit enormem Erfolg.

So haben wir 1938 Österreich verlassen. In Wien konnte ich zwar noch Filme drehen, in Deutschland unter den Nationalsozialisten war das nur bis 1935 möglich. In den USA hatte ich einen Vertrag mit Richard Rogers für ein Musical-Projekt. Es hätte „Higher and higher" heißen sollen. Daraus ist dann aber nichts geworden.

Im Juni 1939 sind wir mit der „Normandie" zurück nach Europa gefahren. Jan Kiepura hatte Filmprojekte in Paris. Drehbeginn sollte der 1. September 1939 sein. An diesem Tag ist dann aber etwas anderes passiert: Kriegsbeginn. Polen wurde angegriffen. Mein Mann ist Pole, seine Eltern lebten dort. Wir haben alles in Polen verloren.

Natürlich waren wir politische Emigranten, schließlich waren wir in Amerika nicht so bekannt und so etabliert wie in Europa. Unsere Filme sind zwar in Amerika gelaufen, aber nicht in den großen Kinos und bei den großen Verleihfirmen. Die Amerikaner akzeptieren keine fremdsprachigen Filme. Wir mussten hier fast neu beginnen. Sie wissen ja, Marcel Prawy ist mit uns nach Amerika gekommen. Er war ein wunderbarer Sekretär meines Mannes.

Unsere künstlerische Heimat war Wien, absolut. Wir haben zwar auch Filme in Frankreich und Rom gedreht, aber Wien war immer ein Lieblingskind in meinem Herzen. Nach dem Krieg sind wir mit Europa verbunden geblieben, aber mein Mann hat sein Heimatland verloren, die Eltern waren tot. Man kann nicht weggehen und dann einfach wieder zurückkommen. Das ist wie mit Bäumen: Sie können Bäume nicht versetzen, wenn sie Wurzeln geschlagen haben. Wir haben uns hier in Amerika fest verwurzelt und ein neues Zuhause gefunden.

Natürlich waren wir sehr verletzt. Das Weggehen aus Wien hat furchtbar weh getan. Die Liebe kann man nicht ausradieren, das bleibt. Ich empfinde so wie eine Mutter, die viele Kinder hat. Kann man eines mehr, eines weniger lieben? Das geht nicht. Obwohl die Kinder manchmal glauben, dass eines bevorzugt wird, aber nein. Unsere Liebe für Wien war immer besonders groß.

1952 war ich das erste Mal wieder in Wien. Es war toll. Sie kommen zurück und haben das Gefühl: „Ich war gar nicht weg." Wir haben damals im Raimundtheater den „Zarewitsch" gesungen. Die Reaktion des Publikums war fantastisch. Wir haben es geliebt.

Ich leite hier „Masterclasses" mit jungen Opernsängern. In Europa wollen die Opernsängerinnen keine Operetten singen. Das ist schade, weil man in einer Operette als Sänger oder als Sängerin viel freier sein kann. Es ist auch für die Stimme gut. Maria Jeritza hat hier Operette gesungen. Es ist gut für eine Opernsängerin. Ich verstehe nicht, warum die Operette einen so schlechten Ruf hat. Es sind doch herrliche Melodien, und es ist wunderbare Musik. Den Sängern schenkt die Operette mehr Möglichkeiten, Ausdruck zu zeigen und auf der Bühne zu spielen.

Eigentlich ist es schade, dass man in Amerika nur Musicals und keine Operetten zeigt. Mit Ausnahme der „Lustigen Witwe" natürlich.

Mimi Grossberg

# „An ein Lager mit Gas habe ich nicht gedacht. Auf so eine Idee kommt ja kein normaler Mensch."

## Zur Person

Mimi Grossberg wurde 1905 in Wien geboren. Sie erlernte den Beruf einer Modistin, schloss die Ausbildung mit der Meisterprüfung ab. 1935 begann sie erste Gedichte zu schreiben und zu veröffentlichen. 1938 flüchtete sie gemeinsam mit ihrem Ehemann aus Wien in die USA. Grossberg bemühte sich in New York um deutschsprachige Exil-Autoren. Sie war Lyrikerin, Vortragende, Herausgeberin und ein Organisationstalent. Sie veröffentlichte Gedicht- und Prosasammlungen österreichischer Schriftsteller in der Emigration und engagierte sich auch im „Austrian Forum". Mimi Grossberg wurde so zu einer Pionierin der Exilforschung. Sie starb 1997. Ihr Nachlass (inklusive zahlreicher Hüte) wird vom Literaturhaus in Wien bewahrt.

*

Ich habe als Modistin gearbeitet und gleichzeitig angefangen, Gedichte zu schreiben. Aber Modistin war mein Beruf. Ich habe einen kleinen Hutsalon in meiner Wohnung in der Schottenfeldgasse gehabt. Das war meine Heimat, der siebte Bezirk. Geboren bin ich in der Kaiserstraße, Ecke Burggasse, und gewohnt haben wir in der Seidengasse, auf Nummer 43. Das war mein Leben und meine Welt. Ich hatte also einen ganz kleinen Hutsalon oben im ersten Stock, und da sind natürlich Kundinnen zu mir raufgekommen. Gleichzeitig habe ich aber auch für meinen Mann, der opti-

79

sche Artikel vertreten und auch selbstständig gearbeitet hat, das Büro geleitet in derselben Wohnung, nicht wahr, beides zusammen. Man macht kleine Sachen. Ich war selbstständig als Modistin und habe dann angefangen zu schreiben. Die Sachen sind dann auch gedruckt worden. Eine meiner Kundinnen hat ja auch geschrieben, und sie hat einen Verlag, und da kann man auch drucken lassen. Sie hat mich zu dem Verlag hingebracht. Er war nicht unseriös, aber man hat die Subskriptionen gebraucht, dann hat er einem die Sachen gedruckt, und die Bücher sind herausgekommen. Aber ich finde das wunderbar. Sogar der Roda Roda hat dort einmal etwas herausbringen lassen. Und ich glaube, der Goethe und der Wedekind haben ihre ersten Sachen auch bezahlt, sonst wären sie nie aus der Lade gekommen. Man muss irgendwie anfangen, und ich bin sehr froh gewesen, dass dort meine Gedichte herausgekommen sind.

Jetzt sprechen wir von dem Tag, an dem der Hitler reingekommen ist. Das war ein Freitag. An dem Tag kommt die Tochter einer Kundschaft zu mir, und ich wusste, ihre Mutter war Nichtjüdin, aber ihr Vater Jude. Und diese blöde Gans sagt zu mir: „Warum sind denn die Deutschen noch nicht da? Warum sind sie denn noch nicht da?" Sage ich: „Sind Sie verrückt, Sie reißen sich darum, dass die kommen?" Sagt sie: „Natürlich, dann kriegen wir ja Arbeit!" Die jungen Menschen haben nicht geglaubt, dass der Antisemitismus irgendetwas Schreckliches sein wird. Aber an die Arbeit, die Hitler versprochen hat, haben sie schon geglaubt.

Ein paar Tage nach dem „Anschluss" kommt eine Nazikontrolle. Und es war im Hutsalon nicht geheizt, es war März. Obwohl ich denen gesagt habe, dass ich für meinen Mann arbeite, haben die gesagt, ich muss anzeigen, dass der jüdische Chef nicht geheizt hat. Ich sollte meinen eigenen Mann anzeigen!

Es haben sich so viele groteske Sachen ereignet. Ein paar Tage später kommt meine beste Kundin mit einer Reihe von Damen zu mir – sie war eine italienisch eingestellte Frau, eine junge, hübsche Person. Sage ich: „Ja, um Gottes Willen, ich kann Sie ja nicht bedienen. Ich darf ja gar nicht mehr." Sagt sie: „Jetzt kommen wir erst recht zu Ihnen!" Ja, ich will Ihnen nur sagen, was es alles gegeben hat.

Also, an dem Freitag sind wir am Abend vorm Radio gesessen. Wir haben gewartet und gewartet, und dann war die Rede von Schuschnigg. Und über diese habe ich ein Gedicht geschrieben. Nach der Rede kommt nämlich diese Hymne, und die Hymne war doch von Joseph Haydn. Und das war doch schon das „Deutschlandlied", dieselbe Musik.* Wir sind vorm Radio gesessen, die ganze Nacht.

Natürlich haben wir gewusst: Die Deutschen kommen herein an dem Abend. Natürlich haben wir das gewusst. Man hat damals schon diese Spannung in Wien gespürt.

Also, man hat nicht gewusst, in welchem Moment etwas passiert. Aber man hat doch geahnt, was los ist. Hitler hat unserem Bundeskanzler doch in Berchtesgaden die Zigarette aus dem Mund geschlagen. Und dann waren noch diese Geschichten, dass man unseren Präsidenten, den kleinen, den Dollfuß umgebracht hat. Währenddessen hat man fortwährend die Nazis durch die Stadt marschieren gesehen.

Wir mussten bald die Wohnung aufgeben, weil man uns das Geschäft weggenommen hat. Man durfte doch nicht mehr arbeiten, und meine Eltern haben uns untergebracht. Wir haben eine sehr große Küche gehabt, und den Teil, der zum Fenster geführt hat, haben wir abgeschlossen. Da haben sie zwei Betten für uns

---

* Das „Deutschlandlied" wurde von August Heinrich Hoffmann von Fallersleben 1841 nach einer Melodie von Joseph Haydn gedichtet. Seit 1922 war das „Deutschlandlied" offizielle Nationalhymne des Deutschen Reichs. Unter den Nationalsozialisten wurde nur die erste Strophe gesungen. Die Melodie von Joseph Haydn wurde bereits 1797 als „Kaiserhymne" („Gott erhalte Franz, den Kaiser, unseren guten Kaiser Franz") komponiert. Mit einem Text von Ottokar Kernstock wurde die einstige Kaiserhymne auch vor 1938 als österreichische Bundeshymne verwendet. Österreich und das Deutsche Reich sangen also bis 1938 ihre Hymnen zur gleichen Melodie mit unterschiedlichen Texten.

hineingestellt und haben wir unsere Wohnung natürlich aufgegeben, da wir den Zins nicht mehr bezahlen konnten. Von der Schottenfeldgasse 56 in die Seidengasse 53. Rundherum hat sich sehr viel getan. Unter uns war ein Geschäft, Hühner und Eier und so. Vor Hitler sind viele Österreicherinnen als Dienstmädchen nach England gegangen. Und die Schwester von unserer Milchfrau auch. Sie waren alle sehr Anti-Hitler. Als der Hitler reingekommen ist, haben sie das Milchgeschäft diesen zwei Schwestern weggenommen, obwohl das gar keine Juden waren, und es einer Nazifrau übergeben. Ganz Österreich war irgendwie durcheinander. Schrecklich war das Ganze.

Unsere Hausfrau, zum Beispiel, hat die Wohnung über den Eltern gehabt. Das war eine Tschechin, aber ihre Söhne waren Nazis. Und trotzdem hat sie gesagt: „Wenn das vorüber ist, hole ich alle meine Hausparteien wieder zurück." Von wo? Von Auschwitz?

Die Wahrheit ist, dass wir nicht abgeholt wurden, damals. Aber das war immer grad ein Zufall. Denn es ist ununterbrochen vorgekommen, dass sie solche Sachen gemacht haben. Sie haben die Leute aus den Wohnungen geholt und so weiter.

Angst? Na, ich habe gewusst, da wird irgendetwas sein, sie werden uns alle umbringen, das habe ich schon gewusst. Aber an ein Lager mit Gas habe ich nicht gedacht. Das haben ja die erfunden. Auf so eine Idee kommt ja kein normaler Mensch. Zum Beispiel der Freud. Der wollte gar nicht weg. Den hat man mit Gewalt nach England gebracht. Der hat geglaubt: Es wird gar nichts sein.

Es hat vielleicht ein paar Wochen gedauert, und man hat nicht gewusst, wie es sich entwickeln wird, was für Maßnahmen die treffen werden. Als zum Beispiel der SA-Mann zu uns ins Büro gekommen ist und gesagt hat: „Sie müssen Ihren Mann anzeigen." Solche Sachen. Das war noch ungeregelt. Aber nachher sind sehr geregelte Sachen gekommen.

Mein Mann ist sofort aufs amerikanische Konsulat gelaufen und hat uns zur Ausreise angemeldet. Dadurch haben wir sehr frühe Nummern für die amerikanische Quote bekommen. Mein

Mann war in Wien geboren, und ich auch. Die Frauen gehen sowieso nach der Quote des Mannes, also nach dem Geburtstag des Mannes, und wir waren sehr früh dran, und ich hatte sofort aus Amerika ein Affidavit, sodass wir beide ins Konsulat vorgeladen wurden. Mein Vater ist in der heutigen Slowakei geboren, und die war 1883 ungarisch. Daher fiel er für die Amerikaner unter die ungarische Quote. Das heißt, es hat nur 500 Nummern im Jahr für Ungarn gegeben, und die sind nie drangekommen. Ohne das kam man nicht herüber. Beglaubigt nach der Quote des Mannes, nach der Geburt. Da ist nichts zu machen.

Wenn es Sie interessiert, ich habe auch der Frau Roosevelt geschrieben und sehr gebeten, ob sie nicht eine Ausnahme machen könnten. Da hat man mir geantwortet, für die Mutter ja, aber für den Vater nicht. Das war furchtbar. Ich bin immerfort herumgelaufen und habe sehr viele Affidavits für andere bekommen, für Freunde und Verwandte, aber nicht für meine Eltern. Die sind über Theresienstadt nach Auschwitz gebracht worden, obwohl ich noch imstande war, 3000 Dollar aufzubringen, um kubanische Visa für sie zu beschaffen. Aber als ich die geschickt habe, hat man sie nicht mehr rausgelassen. Es war nichts zu machen, es war zum Wahnsinnig-Werden.

Im September war doch diese Münchner Konferenz über die Tschechoslowakei, mit dem Chamberlain, mit dem Regenschirmmann.* Also, es hat doch geheißen, kein Krieg. Ein paar Tage später bin ich mit meinem Mann im Zug nach Holland ausgewandert, nach Rotterdam, wir sind durch Deutschland gefahren.

---

* Im „Münchner Abkommen" vom 29. September 1938 wurde die Abtretung der sogenannten „Sudetengebiete" von der Tschechoslowakei an das Deutsche Reich vereinbart. An der Konferenz, die vor dem Hintergrund massiver militärischer Drohungen Hitlers an die Tschechoslowakei stattfand, nahmen der britische Premierminister Arthur Neville Chamberlain, sein französischer Kollege Édouard Daladier, Benito Mussolini und Adolf Hitler teil. Die Westmächte glaubten, mit einem Nachgeben gegenüber Hitlers Drohungen einen Krieg vermeiden zu können. Berühmt wurde der Satz von Chamberlain:

Und was uns damals, ein paar Tage nach München, entgegengekommen ist, waren rollende Züge mit Kanonen. In Deutschland am Rhein, lauter Kanonenzüge. Trotz München. Und wir haben schon gewusst, es wird Krieg geben.

Ich habe nach dem Krieg eigentlich nie daran gedacht, nach Wien zurückzukehren. Wir hatten hier in Washington Heights auch einen Exilschriftsteller, den Alfred Farau. Der jedenfalls hat gesagt: „Wir alle, die wir mit Gewalt von drüben weg mussten, sollten einmal zurückfahren und freiwillig wieder weggehen, und die ganzen Komplexe werden sich lösen." Das war seine Idee. Er war ein großer Psychologe und ein Schüler von Alfred Adler. Das hat etwas für sich gehabt.

Und so bin ich eben zurückgefahren und habe nach der Rückkehr das Gedicht „Märchenfee Österreich" geschrieben. Aber ich habe immer noch meinen amerikanischen Reisepass, er hat mich geschützt. Denn man kann ja nicht wissen. Feen sind ja doch nicht immer verlässlich.

Ich bin keine Hasserin. Ich lebe nicht durch Hass, sondern ich versuche immer Sachen auszugleichen und finde gerne Entschuldigungen für tausend Sachen. Manches kann man halt nicht entschuldigen, aber manches kann man verstehen. Aber das nützt alles nichts. Die Welt wird immer so sein.

Österreich ist definitiv meine Heimat. Ich bin eine Österreicherin. Was bin ich denn sonst? Ich bin ja in Wien in die Schule gegangen, das heißt in Ober St. Veit und in Atzgersdorf, in die Volksschule. Und wir hatten das tägliche Schulgebet. So habe ich jeden Tag das „Vaterunser" mit den anderen Kindern gebetet. Da hat sich niemand darum gekümmert, dass ich Jüdin bin, aber in der anderen Schule hat mir die Lehrerin sofort die Hände aus-

---

„Peace for our time". Ein Jahr später begann der Zweite Weltkrieg. Die Tschechoslowakei, die ein Drittel des Staatsgebietes an das Deutsche Reich abtreten musste, war bei der Konferenz in München nicht eingeladen. Dieser weitere außenpolitische Erfolg stärkte Hitlers Popularität.

einandergerissen und gesagt: „Um Gottes Willen, du begehst eine große Sünde." Ich habe nicht verstanden, was sie von mir will. Ich habe nicht einmal gewusst, was das ist. Ich wusste, ich bin eine Jüdin. Das ist alles, was ich gewusst habe. Aber dass man dadurch aufmerksam wird, dass man anders ist als die anderen, schon in der ersten Volksschulklasse, das ist der Anfang von der ganzen Tragödie. So bin ich ganz froh, dass man hier kein Schulgebet hat. Denn stellen Sie sich vor, wie viele Religionen es hier gibt. Wenn das Schulgebet hieße, die eine Religion betet und die anderen sind anders.

Das erste Mittelschuljahr habe ich in der Schwarzwaldschule in der Innenstadt absolviert. Das war eine sehr berühmte, noble Schule in der Herrengasse. Ich habe mich dort aber nicht wohlgefühlt. Ich erinnere mich, dass eines Tages die Mädchen zu mir gesagt haben: „Deine Eltern könnten dir wirklich schon einen neuen Mantel kaufen."

Ich habe mich furchtbar gegiftet, und da ist Frau Eugenie Schwarzwald, eine berühmte Frau in Wien, die etwas zu sagen gehabt hat, in die Klasse gekommen und hat ein fürchterliches Gericht über die Mädel gehalten, und ich bin im nächsten Jahr schon ins Mariahilfer Mädchen-Lyzeum gegangen. Dort freilich war alles wunderbar. Da war mein Papa auf einmal im Elternverein oder in einer ähnlichen Funktion, und er hat für die Lehrer durchgesetzt, dass sie höhere Gehälter bekommen haben. Mit einem Wort, dort war ich Liebkind in der Schule. Dort habe ich mich auch wohler gefühlt. Dort habe ich maturiert.

Schauen Sie, für mich ist Sprache alles. Und die Sprache, wie Sie sehen, habe ich noch. Es ist noch etwas anderes. Im Englischen fühle ich mich fremd. Ich kann englisch lesen, sprechen und schreiben. Und ich kann alles lesen. Aber wenn ich ins Theater gehe – ich weiß nicht, was das ist und ich habe ein sehr gutes Gehör. Ich höre alles. Ich höre den Wecker beim Nachbarn ticken. Aber was ich nicht begreife und was mir nicht klar wird: Ich kann bis heute Englisch auf der Bühne nicht verstehen. Es ist so, als ob

Laute durch die Luft gingen, und jeder hat eine andere Aussprache – irgendwie, bevor ich mir klarmache, was der jetzt gesagt hat, habe ich vergessen, was er gesagt hat. Ich höre auf, zuzuhören. Ich kann mir nicht helfen. Drüben kann mir das nicht passieren. Auf Deutsch kann mir das nicht passieren. Für mich ist ein großes Malheur passiert, dadurch, dass ich in ein Land mit einer anderen Sprache geraten bin. Ich glaube, das wäre mir nicht in Italien passiert und vielleicht auch nicht in Frankreich. Das sind nämlich Sprachen, die man nicht so verrückt aussprechen kann wie das Englische.

Ich bin kein bitterer Mensch. Im Gegenteil. Was hasse ich denn? Ich hasse nur eines: Dass ich gezwungen wurde, in einem Land mit einer Fremdsprache zu leben. Aber das ist kein Hass. Das ist ein Bedauern, möchte ich fast sagen. Und dann noch etwas: Ich hänge natürlich an allem Österreichischen, was Kunst, die Vergangenheit und die Kultur betrifft. Ich bin mit österreichischer Kultur und Geschichte aufgewachsen, und das ist mir heute noch immer sehr wichtig und hoch interessant. Mir ist es ja nicht verloren gegangen.

Die Gegend hier in Washington Heights war damals, als viele Emigranten nach New York kamen, noch nicht so teuer und hier haben wir einen fantastischen Park, den Fortrel Park. Früher waren lauter Deutsche und Österreicher hier. Selbstverständlich war das eine ganz andere Zeit. Die meisten sind aber nach Queens weggezogen.

Robert Haas

# „Ich muss sagen, ich war immer ein Glückspilz."

## Zur Person

Robert Haas wurde 1898 in Wien geboren. In den 20er-Jahren studierte er Elektrotechnik an der Technischen Universität und besuchte parallel die Kunstgewerbeschule. Dort interessierte er sich besonders für Schriftgrafik und Heraldik. Schon 1925 gründete Robert Haas ein grafisches Atelier. Bei Trude Fleischmann lernte er das Handwerk eines Fotografen. Er arbeitete ab 1936 bei den Salzburger Festspielen und lernte dort berühmte künstlerische Zeitgenossen kennen. Im Herbst 1938 emigrierte Robert Haas nach Amerika, wo er sich in seinen erlernten Berufen, insbesondere als Fotograf, erfolgreich etablieren konnte. Von 1954 bis 1967 unterrichtete Haas an der „Cooper Union School of Art" in New York. Er starb 1997 vor seinem 100. Geburtstag.

*

Ich hatte damals eine Freundin, ein junges Mädchen, wir haben – fast – die Absicht gehabt, zu heiraten, es ist aber nix daraus geworden. Jedenfalls hatte das Mädchen den Schlüssel zu meinem Atelier. Kurz nach dem Einmarsch der Deutschen habe ich im Atelier angerufen, aber es hat niemand abgehoben. Ich war beunruhigt, weil ich doch wusste, dass sie dort ist. So bin ich rasch heimgefahren. Als ich – es war spätabends – das Haustor aufsperre, steht dahinter ein Polizist, der schon auf mich gewartet hat.

Sie haben das Mädchen verhaftet, weil es blond und blauäugig war und irgendjemand uns denunziert hat, wir würden

„Rassenschande" betreiben. Mich haben sie zur Polizei gebracht, verhört und eingesperrt. Sie haben sogar einen Spitzel in meine Zelle gebracht. Es hat sich aber dann herausgestellt, dass meine Freundin auch eine Jüdin war. Die Nacht auf dem Polizeikommissariat war eine spannende Sache. Der Detektiv, der mich verhört hat, hat sonderbarerweise Nasenbluten bekommen und konnte nicht mehr weiter. So bin ich dann aufgrund einer Intervention von Clemens Holzmeister wieder freigelassen worden. Ich muss sagen, ich war immer ein Glückspilz.

Den berühmten Architekten Clemens Holzmeister habe ich 1936 in Salzburg bei den Festspielen kennengelernt. Ich war gelernter Typograf. In meinem Atelier hatte ich eine große Handpresse. Rudolf Henz beispielsweise hat bei mir seinen ersten Gedichtband drucken lassen. Außerdem hatte ich das Glück, mit hohen Persönlichkeiten verbandelt zu sein. Darunter war auch Dr. Thomas Berger, er war damals Generalsekretär bei Bundespräsident Michael Hainisch. Dr. Berger hat mich dann alle Urkunden der Präsidentschaftskanzlei schreiben lassen. Also, wenn beispielsweise Max Mell eine Ehrung bekommen hat, habe ich die Urkunde geschrieben, auf Pergament. Dann begann ich auch größere grafische Sachen zu machen, Plakate zu kalligrafieren. Secession und Künstlerhaus haben mir Aufträge gegeben.

Durch Sektionschef Wolf erhielt ich später den Auftrag, nach Salzburg zu gehen und für die Festspiele zu fotografieren. Damals habe ich Toscanini kennengelernt und für ihn ein persönliches Signet entworfen. Es hat ihm gefallen, und so durfte ich ihn in einer Villa außerhalb von Salzburg porträtieren. 1936 habe ich 24 Aufnahmen von ihm gemacht. Ich habe ihn später, als er auch in New York war, wieder getroffen und fotografiert. In Salzburg habe ich viele Signets gemacht, unter anderem auch für Clemens Holzmeister. Das hat mir eine große Freundschaft eröffnet, die mich auch aus dem Gefängnis gerettet hat.

Ein paar Tage nach meiner ersten Festnahme bin ich von der Schützengasse im dritten Bezirk über den Schwarzenbergplatz gegangen. Ich habe es vorgezogen, zu Fuß zu gehen, damals durften Juden nur noch auf der vorderen Plattform der „Elektrischen" fahren. Also gehe ich Richtung Schwarzenbergplatz, es war Nachmittag, und schon von Weitem höre ich am Ring ein großes Geschrei. Neugierig, wie ich als Wiener halt bin, gehe ich in Richtung des Hotels „Imperial". Je näher ich komme, desto dichter wird die Menschenmenge. Ich werde eingekeilt. Alle wollten Adolf Hitler sehen. Er wohnte im „Imperial". Die Leute haben mit erhobenen Händen zu ihm raufgeschrien. Es waren aber so viele Menschen, da ist es gar nicht aufgefallen, dass ich kein Hakenkreuz angesteckt hatte und auch meine Hände unten geblieben sind. Hitler ist dann tatsächlich auf den Balkon gekommen. Ich habe mich natürlich gefürchtet, es war doch Wahnsinn von mir, so etwas zu tun.

Meine Flucht aus Wien war ganz dramatisch. Ich habe in der Nacht auf den 30. September in meinem Atelier übernachtet und hatte Besuch von einem Mädel – eine sehr liebe Freundin. Sie war Arierin, und das haben wahrscheinlich meine lieben Nachbarn gesehen und wollten mich denunzieren. Jedenfalls läutete es in der Früh an der Tür, und draußen war ein kleiner Bub, der drückte mir einen Zettel in die Hand und rannte weg. Auf dem Papier stand: Wenn ich nicht bis Mittag 100 Reichsmark bei der Kassiererin im Café auf der Ungargasse hinterlege, werde ich bei der Gestapo angezeigt. Da bekam ich es mit der Angst zu tun.

Zu diesem Zeitpunkt hatte ich schon mein Visum und den Pass zur Ausreise. Am Ring war die Schlafwagen-Gesellschaft, dort musste man sich zur Auswanderung anstellen.* Es waren immer viele Leute, und es war gefährlich. Sehr oft sind dort

---

\* „Wagon Lits", die internationale Schlafwagengesellschaft, wurde 1872 vom belgischen Bankier Georges Nagelmackers gegründet und hielt bis zum Beginn des Ersten Weltkriegs das Monopol für den Eisenbahn-Langstreckenverkehr mit Schlafwagen in Europa. Nach 1918 konnte „Wagon Lits" in Österreich wieder die Rechte zum Betrieb ihrer Schlafwagen erhalten. Die französische „Wagon Lits" stand in Konkurrenz zur deutschen „Mitropa".

Braunhemden vorbeigekommen und haben irgendeinen aus der Reihe der Wartenden geholt und abgeführt.* So hat es sich eingebürgert, dass man einen Arier gemietet hat, der sich quasi als Stellvertreter angestellt hat. Ich hatte für diesen Vormittag auch einen solchen Herrn engagiert. Ich bin rasch zu Freunden gelaufen, habe den Herrn angerufen, er möge mit dem „Oostende-Express" vom Westbahnhof nach St. Pölten fahren und mir Pass und Fahrkarten mitbringen.

Sie können sich vorstellen, welche Angst ich gehabt habe, dass das klappt. Man war ja völlig vom guten Willen anderer abhängig. Der Schnellzug ist also im Bahnhof St. Pölten eingefahren, er hatte nur eine Minute Aufenthalt. Und tatsächlich springt ein Mann aus dem letzten Waggon, rennt vor, gibt mir Pass und Karten. Ich springe in den Zug und schon fährt er weiter. So bin ich aus Österreich rausgekommen.

Es war der 30. September 1938. In Deutschland waren alle Fahnen draußen, um das Münchner Abkommen zwischen Hitler und Chamberlain zu feiern.

---

* Das braune Hemd gehörte zur Uniformierung der SA (Schutzstaffel), der paramilitärischen Schlägertrupps der Nationalsozialisten. Ursprünglich wurde das „Braunhemd" für die österreichische SA geschaffen, um die nationalsozialistischen Trupps von den anderen „Wehrverbänden" der Parteien, die meist graue Hemden trugen, zu unterscheiden. Das braune Hemd diente zur Identifizierung Gleichgesinnter und wurde bald massenweise getragen. Als die „Braunhemden" im „Ständestaat" verboten wurden, uniformierten sich illegale Nationalsozialisten durch das Tragen weißer Stutzen und Bundhosen. Der Begriff „Braunhemden" wurde zum Synonym für Nationalsozialisten.

Hans Walter Hannau

# „Gegen die illegalen National-
sozialisten bin ich natürlich energisch
vorgegangen."

## Zur Person

Hans Walter Hannau wurde am 5. August 1904 in Wien geboren,
studierte Jus und promovierte zum Dr. juris. Er arbeitete als Richter und als Bundespolizeikommissar. Am 21. April 1939 gelang
ihm die Flucht aus Österreich. Er kam über Holland im Juni 1939
in New York an. Bei der Emigration unterstützte ihn die Internationale Polizeiorganisation. In den USA schlug Hannau eine ganz
andere berufliche Laufbahn ein. Er konnte sich als Fotograf, Rei-
seschriftsteller und Autor eine neue Existenz aufbauen. Hannau
produzierte zahlreiche Fotobände, etwa über die Inselwelt der
Karibik oder über Kalifornien. Hannau starb in Florida.

*

Ich war der Generaldirektion für die öffentliche Sicherheit zuge-
teilt, die die verbotenen Parteien, also die Kommunisten und die
Nationalsozialisten bekämpft hat. Und so bin ich in diese „ganze
Wirtschaft" da hineingekommen. Zuerst habe ich den Feber-
Putsch in Wien mitgemacht, da war ich am Polizeikommissariat
Meidling.* Da ist es zugegangen, bei den Gemeindebauten, alles

---

\* Nach der Ausschaltung des Parlaments im Jahr 1933 und den anschließen-
den Verboten erhöhte der autoritär regierende Bundeskanzler Dollfuß den
Druck auf die ohnehin schon geschwächte Sozialdemokratie. Ende Jänner
1934 gingen die „Heimwehren" gegen den paramilitärischen „Schutzbund"
vor. In einer großen Aktion wurden Hausdurchsuchungen durchgeführt.

war verschanzt. Da ist noch der Fey gekommen, und ich wurde ihm als Adjutant beigegeben.* Der Mann war ja unwahrscheinlich tapfer. Der ist vor diesen Gemeindehäusern, wo geschossen wurde, rausgesprungen und hat Ansprachen gehalten an die Leute. Unwahrscheinlich! Panzerwagen sind dort auch gefahren.

Na, und plötzlich werde ich von Staatssekretär Kawinsky geholt: Ich muss sofort nach Oberösterreich. Ich sollte die vielen Gefangenen, die Starhemberg zu der Zeit gemacht hat – es waren geschätzte zehntausend Gefangene –, herausholen. Natürlich waren das überhaupt keine politischen Leute. Starhemberg hat einfach alle Arbeiter zusammengefangen, die sind in Schulen und überall gesessen. „Bitte schauen Sie, dass Sie diese so schnell wie möglich herauskriegen und nur die wichtigsten zurückbehalten." Na, diesen Auftrag habe ich damals schnell durchgeführt, und eigentlich wäre ich nach vier Wochen wieder nach Wien zurückgekommen. Aber mir hat es in Oberösterreich gefallen, und außerdem konnte ich stellvertretender Generaldirektor für öffentliche Sicherheit werden. Das war im Februar 34, und da ist es ja

---

Am 12. Februar 1934 leisteten „Schutzbund"-Gruppen gegen die Waffensuche im sozialdemokratischen Parteihaus in Linz, dem „Hotel Schiff", bewaffneten Widerstand. Dieser griff rasch auf zahlreiche andere Orte über. Der „Bürgerkrieg" hatte begonnen.

Der „Februar-Putsch" wurde von der Regierung und den Heimwehren unter Einsatz des österreichischen Bundesheeres binnen weniger Tage niedergeschlagen. Dabei setzte die Regierung Dollfuß auch schwere Waffen gegen die militärisch unterlegenen „Schutzbündler" ein. Die Kämpfe forderten zahlreiche Opfer. Nach Ende der Kämpfe wurden dutzende „Februar-Kämpfer" standrechtlich verurteilt und hingerichtet. Das „34er-Jahr" ist ein traumatischer Meilenstein in der Geschichte der beiden großen politischen Lager Österreichs.

* Der Wiener Heimwehrführer Major Emil Fey ist eine umstrittene Person der österreichischen Zeitgeschichte. Fey war maßgeblich an der Niederschlagung des „Februar-Putsches" in Wien beteiligt. 1932 hatte ihn Bundeskanzler Dollfuß als Staatssekretär für Sicherheit in die Regierung geholt. Unter Dollfuß wurde Fey Vizekanzler, später Sicherheits- und Innenminister. Am 16. März 1938 beging Fey gemeinsam mit seiner Frau Selbstmord.

schon politisch ziemlich kritisch gewesen mit den Nazis. Und so haben sie es dann endlich bewilligt, dass ich in Linz bleiben kann, dort habe ich dann das Nazireferat bekommen. Ich war speziell zuständig für die Bekämpfung der Hitler-Jugend und der SS.

So bin ich in diese ganze Situation hineingekommen, wobei ich politisch nicht irgendwie besonders engagiert war. Ich war bei „Neuland" in der Zeit, und ich war beim „Christlich-deutschen Studentenbund", ich war MKVer und CVer und all die Sachen.* Aber durch meine Artikel, die ich für die verschiedensten Magazine geschrieben habe, habe ich mir einen ganz guten Namen gemacht. Gegen die illegalen Nationalsozialisten bin ich natürlich energisch vorgegangen.

Selbstverständlich habe ich das als reine Pflichterfüllung verstanden, ohne Hass, ohne Übergriffe und dergleichen. Dann kam also 1938. Irgendwann im 37er-Jahr wurden ja schon plötzlich die Nazis in die Regierung aufgenommen, Schuschnigg war Kanzler, und Vizekanzler war Arthur Seyß-Inquart, sein bester Freund schon vom Gymnasium her. Sie waren beide in Feldkirch in der Jesuitenschule „Stella Matutina" und auch in den sogenannten „Komitees" der Regierung. Nun, interessant ist, dass ich in eines dieser engsten Komitees hineinberufen wurde – also, sie haben mir schon getraut, in jeder Hinsicht. Das war ein Komitee von

---

*  Bund der katholischen Jugendbewegung „Neuland" wurde 1921 mit dem Bestreben gegründet, „alles aus Christus heraus zu erneuern". Die Jugendbewegung widmete sich auch dem „christlich-deutschen Volkstumsgedanken", grenzte sich jedoch vom Nationalsozialismus ab.
MKV (Mittelschüler-Kartellverband) und CV (Cartellverband) waren und sind katholisch geprägte Mittelschüler- und Studentenverbindungen. Ihre Traditionen und Gebräuche gehen auf die national-liberalen Studentenverbindungen des 19. Jahrhunderts zurück. MKV und noch mehr CV galten als katholisch-konservative Kaderschmieden in der Zeit zwischen den Kriegen und bis weit in die 70er-Jahre des vergangenen Jahrhunderts. Alle christlichsozialen Bundeskanzler bis 1938 waren CVer. Auch nach 1945 hatten „Carteller" einen großen Einfluss auf die Personalauswahl und -politik im Staatsdienst und den staatsnahen Betrieben.

Schuschnigg, das sich einmal im Monat im Erzbischöflichen Ordinariat am Stephansplatz 3 getroffen hat. Da war ich auch mit eingeladen. Das war ein ganz kleines Komitee. Wenn Schuschnigg nicht da war, war Clemens Holzmeister der Vorsitzende. Dann waren dabei die Fürstin Starhemberg, Seyß-Inquart, ein Sektionsrat und ich.

Im kleinen Zirkel sind wichtige Fragen besprochen worden. Dort hat Schuschnigg darauf hingearbeitet, dass Seyß-Inquart ein Nazi wird – zum Schein natürlich nur –, und dass er ihn dann in die Regierung nehmen kann, damit er Nazis als Freunde in der Regierung hat. Das ist ihm ja auch tatsächlich gelungen. Seyß-Inquart war ja gar nicht interessiert daran, das zu machen. So war das eigentlich.

Um jetzt auf das Datum März 38 zu kommen: Zu diesem Zeitpunkt waren eigentlich die Nazis schon ziemlich stark vertreten. Ich erinnere mich noch immer, als Seyß-Inquart damals als Vertreter der Partei mit Heinrich Gleißner, der ja einer der schärfsten Gegner der Nazis war, herumgegangen ist und sich gezeigt hat.* Gleißner ist nichts anderes übrig geblieben. Jedenfalls war die Stimmung schon gar nicht gut.

Die Nazis haben sich bereits überall gezeigt. Und dann – ich glaube, es war der 8. oder 9. März, es war schon eine gespannte Stimmung – ruft ein Onkel meiner Frau an: „Ihr müsstet ja jetzt schon wissen, dass ich der Obmann der nationalsozialistischen Ärzteschaft bin! Du bist in großer Gefahr!", hat er mir gesagt. „Bereite dich vor, ich kann dir garantieren, die deutsche Armee marschiert in drei Tagen ein. Am 12. marschiert die deutsche Ar-

---

* Heinrich Gleißner (1893–1983) war eine der prägenden politischen Persönlichkeiten Oberösterreichs. Der Jurist begann seine Laufbahn in der Landwirtschaftskammer, wurde 1934 Landeshauptmann von Oberösterreich, ehe er 1938 von den Nationalsozialisten verhaftet und im KZ Dachau und später Buchenwald inhaftiert wurde. Nach 1945 knüpfte Gleißner an seine politische Laufbahn an. Er amtierte von 1945 bis 1971 wiederum als Landeshauptmann von Oberösterreich.

mee ein. Schick die Ilse" – die war damals schwanger – „nach Wien. Da ist sie sicher bei uns, und du schau, dass du rechtzeitig rauskommst!"

Das haben wir damals gemacht. Meine Frau ist nach Wien, und ich selbst bin geblieben, weil ich mir gedacht habe: „Als Bundespolizeikommissär kann ich nicht einfach wegrennen, ich bleibe bis zum Ende dort." Ich bin also dann am 11. März noch in Linz gewesen, bin zuerst zum Landeshauptmann Gleißner gegangen und habe ihm mitgeteilt: „Ich habe verlässliche Nachricht von einem Obernazi, dass am 12. die Armee da ist." Das war so um zehn Uhr vormittags, als ich ihm das erzählt habe, und Gleißner hat gesagt: „Das ist ja zu erwarten." Und dann hat er noch gesagt: „Leben wir nicht in einer interessanten Zeit!"

Der Nächste, den ich in Linz sozusagen zum Abschied besucht habe, war Alfred Klimisch. Er war zu dieser Zeit Direktor von „Radio Linz". Ich habe ihn informiert. Na, der war sehr bestürzt. Er ist ja nach dem Krieg Generaldirektor der Wasserkraftwerke in Oberösterreich geworden. Er war eine bedeutende Persönlichkeit, die jedenfalls davon wissen sollte.

Und dann komme ich zurück nach Steyr, wo wir gewohnt haben, drehe das Radio auf, und da höre ich gerade Schuschnigg seine berühmte Abschiedsrede „Gott schütze Österreich!" halten. Ich habe gleich meine Sachen zusammengepackt und die Landesregierung verständigt, denn ich war ja auch als Fremdenverkehrsreferent angestellt. Ich habe angerufen und gesagt: „Ich nehme unbestimmt langen Urlaub! Danke schön." Ich habe gedacht: „Da gehst du jetzt nach Wien und meldest dich bei deiner Dienststelle, denn es hat gar keinen Sinn, da draußen von den wilden Nazis überfallen zu werden." Ich bin damals also noch schnell mit dem Dienstmotorrad in die Wohnung zurückgefahren. Dann habe ich einen Wachmann kommen lassen. Der ist gleich hergefahren und hat gefragt: „Ja, was ist denn los? Und Sie fahren weg, Herr Doktor?" Habe ich gesagt: „Das ist ja höchste Zeit, ich habe doch viele Nazis eingesperrt!"

Ich bin dann zum Bahnhof und mit dem nächsten Zug nach Wien gefahren. Auf den verschiedenen Bahnhöfen waren Schießereien, nicht in Steyr und nicht in St. Valentin, aber in Amstetten ist geschossen worden. Es hat geheißen, der Zug wird schon von SS- oder SA-Leuten untersucht. In Amstetten habe ich nichts gesehen. In St. Pölten sind ein paar SA- und SS-Leute eingestiegen, die haben nur so links und rechts geschaut, aber sonst war nichts Besonderes, und sie sind wieder hinaus. Am Abend bin ich nach Wien gekommen. Da war schon alles voller Hakenkreuze, das ist sehr schnell gegangen. Wir haben das nicht erwartet. Niemand hat es erwartet.

Ich erzähle ein lustig-trauriges Erlebnis. Es war zwei, drei Monate später in Berlin, und da ist meine Frau zu Seyß-Inquart gegangen, den wir ja schon lange kannten. Man hat ja gesagt, dass er MKVer und CVer ist. Er war jedenfalls immer in der christlichen Bewegung. Sein Bruder war ein Geistlicher, und wir haben ja ganz begeisterte christliche Gedichte geschrieben. Ich kann mich noch gut an diese Gedichte erinnern. Jedenfalls ist meine Frau damals zu Seyß-Inquart gegangen und hat ihm gesagt: „Wissen Sie, dass der Hans verhaftet ist?" Da hat er gesagt, er kann da leider nichts machen. Meine Frau hat ihm Vorhaltungen gemacht, dass er doch schließlich Bundeskanzler gewesen sei. Da hat Seyß-Inquart gesagt: „Spinnst du, ich bin nur froh, dass ich nicht verhaftet wurde!" Also, er war jedenfalls selbst sehr unsicher. Denn auch der Sektionsrat, der damals auf Wunsch von Schuschnigg zum Nazi wurde, ist ja eine Woche später schon umgelegt worden. Da hat es geheißen, er ist bei einem Autounfall umgekommen.

Nach dem Einmarsch der deutschen Truppen haben überall die Hakenkreuzfahnen geweht, und die Begrüßung war überaus begeistert. Man hat nicht das Gefühl gehabt, dass der Feind einmarschiert ist. Die Freude der Bevölkerung war leider verständlich, denn die Arbeitslosigkeit war damals groß. Eine schwierige Situation. Man kann es den minderbemittelten Betroffenen wirk-

*Ein sicherer Hafen: Zwischen 1933 und 1941 kamen geschätzte 130.000 Flüchtlinge aus Nazideutschland und ab 1938 auch aus Österreich im New Yorker Hafen an. Die Skyline der amerikanischen Metropole wurde zum Symbol für Freiheit und Überleben. Die überwiegend – aber nicht ausschließlich – jüdischen Immigranten brachten kaum persönlichen Besitz, aber intellektuelles Wissen, künstlerische Kreativität und wirtschaftliche Erfahrung mit.*

*Geburtstagsständchen für eine
Freundin der Philharmoniker:
Hilde Hlawatsch genoss ein
Privileg. Zu ihrem Geburtstag
kam Jahr für Jahr ein
philharmonisches Quartett und
spielte für die betagte Freundin des
Orchesters am Gang vor ihrem
Miniatur-Appartement in der
Tudor-City unweit des New
Yorker UNO-Hauptquartiers.
Die Tochter eines Wiener
Zahnarztes starb daheim, im
Altersheim der Künstlerhilfe in
Baden bei Wien.*

*Süße Heimat: Die „Kleine Konditorei" auf der 86th Street im
Deutschenviertel „Yorkville" blieb bis in die 90er-Jahre
des vorigen Jahrhunderts eine Reminiszenz der in den
40er-Jahren blühenden Kaffeehausszene New Yorks.
Lokale wie das „Café Geiger", „Old Vienna" oder das „Eclair"
waren Treffpunkte und Refugien der österreichischen und*

deutschen Emigranten. Bis lange nach dem Krieg blieb die
„Kleine Konditorei" eine Fundgrube für Linguisten.
In der Fremde überdauerte der unnachahmliche Sprachklang
des bourgeoisen Wien der Zwischenkriegszeit. Statt Apfelstrudel
aus der „Kleinen Konditorei" gibt es heute Unterwäsche von
„Victoria's Secret".

*Ein Verleger mit Weitblick:
Von der Wiener Teinfalt-
straße nach Scarborough
mit Blick über den
Hudson. Dr. Frederick
Ungar (auf den Bildern mit
seiner Frau) setzte in der
Emigration fast nahtlos
seine Arbeit als Verleger
fort. Er publizierte in den
USA die Werke großer
deutscher Autoren, wie
Johann Wolfgang von
Goethe und Thomas Mann.
Ungar kam mit 300 Dollar
in Amerika an und schuf
einen großen Verlag, den
er drei Jahre vor seinem
Tod verkaufte.*

**FREDERICK UNGAR**
SCARBOROUGH MANOR
BOX 307
SCARBOROUGH. N.Y. 10510

Lieber Herr Weber, lieber Dr. Jelinek,

In Ihrem gestrigen Besuch, den wir sehr erfreulich und angenehm empfanden, hätte ich noch einiges sagen sollen, das wahrscheinlich von Interesse für Sie gewesen wäre, zum Beispiel dieses:

Drei meiner Autoren (des Saturn Verlags) begangen Selbstmord. 1) Kurt Sonnenfeld, Redakteur der Neuen Freien Presse, erschoß erst seinen Vater, dann seine Braut und sich. Er hatte das Hakenkreuz aufs schärfste angegriffen und wußte nur zu gut was er zu erwarten hatte.

2) Arthur Neumann, pensionierter Direktor der Donaudampfschiffahrtsgesellschaft. Auf einer Ringstrassenbank sitzend war er von jungen Burschen angepöbelt und weggejagt worden. Er fühlte sich so tief in seiner Menschenwürde erniedrigt, daß er keinen andern Ausweg sah.

3) Alfred Liebler, Laryngologe und zartbesaiteter Lyriker.

Es wird mir wahrscheinlich noch das eine oder andere einfallen; dann würde ich diesen Bericht ergänzen.

Mit allen guten Wünschen

Ihr

Frederick Ungar

10-28-87

„Leise flehen meine Lieder": Die Opern- und Operetten-
sängerin Marta (Martha) Eggert wurde mit Willi Forsts Film
zum Star. 1936 heiratete die gebürtige Ungarin den polnischen
Operntenor Jan Kiepura – das Traumpaar dieser Tage. Nach
Hitlers Einmarsch emigrierten die beiden Künstler in die USA.
Marta Eggert konnte nach dem Krieg ein großes
Comeback feiern. 2001 wurde der Sängerin vom damaligen
Wiener Kultur-Stadtrat Peter Marboe der „Goldene Rathaus-
mann" verliehen.

Als Journalist in der französischen Armee: Fritz Kaufmann
arbeitete vor 1938 im Wiener „Kronos-Verlag" als Journalist
für diverse Blätter. Im Sommer 1936 gründete er die
„Salzburger Illustrierte" – eine Zeitschrift für die Festspiele.
Als Autor konnte er Stefan Zweig gewinnen. Kaufmann
emigrierte nach Paris, wurde dort interniert und später zur
französischen Armee eingezogen. Er konnte sich mit seiner
Familie nach dem Kriegseintritt der USA nach Amerika retten.
Kaufmanns Sohn starb im Krieg als amerikanischer Soldat.

*Daheim im „Vierten Reich":*
*Die gelernte Modistin und Schriftstellerin Mimi Grossberg blieb*
*„Washington Heights" treu. Das Stadtviertel im Norden*
*Manhattans am Hudson River hat sich vom Zentrum der*
*deutsch-jüdischen Immigration zu einer dominikanischen Stadt*
*gewandelt. Statt deutsch wird hier heute spanisch gesprochen.*
*Grossberg sammelte, edierte und verlegte in ihrer Souterrain-*
*Wohnung zahlreiche literarische Zeugnisse der Emigration.*

*Heimatliche Klänge: In seiner Wohnung am Riverside Drive in New York spielte und sang Fritz Spielmann seinen Gassenhauer von den „Schinkenfleckerln, wo das Fleisch Versteckerln spielt.“ Draußen der Straßenlärm von New York, drinnen die Wiener Konzertbar-Atmosphäre der 30er-Jahre.*

„Laut Reisepass ein Bürger noch der USA, dem Herzen nach
der Wiener Heimat immer nah – so sag ich statt ‚Goodbye'
‚Auf Wiedersehen'." Diese Widmung an Peter Marboe schrieb
Robert Breuer auf die Rückseite seines Fotos. Robert Breuer
versuchte 1938 mit einem gültigen Pass und einem gültigen
Visum über Berlin nach Dänemark zu flüchten. Die dänischen
Behörden schickten den jungen Journalisten wieder zurück ins
nationalsozialistische Wien. Breuer konnte später nach
Birmingham emigrieren. Ein Quäkerpaar nahm ihn auf.
In den USA arbeitete Robert Breuer als Musikkritiker und
schrieb das Buch „Nacht über Wien".
Er starb 1996 in Forest Hills, New York.

Ein Mann bei seiner Arbeit:
Robert Haas war gelernter
Typograf. Er fertigte auch
handschriftliche Urkunden für die
Präsidentschaftskanzlei.
Seine größte Arbeit wurde ihm nie
bezahlt. Haas schrieb die Liste der
burgenländischen Opfer des Ersten
Weltkriegs. Das Dokument sollte
im Heldentor am Wiener Burgring
aufbewahrt werden. Es enthielt die
Namen tausender Kriegsopfer.
Das vereinbarte Honorar blieb die
Landesregierung nach Hitlers
Einmarsch schuldig.
Über die Schrift kam der geborene
Wiener zur Fotografie. Seine Bilder
wurden Porträts der „Neuen Welt".

Im Wienerwald von
New York: Professor
Robert Haas verbrachte
seinen Lebensabend in
Valhalla, einer Siedlung
im Norden Manhattans,
dort wo sich die hekti-
sche Mega-City in be-
schauliche Ländlichkeit
verliert. Neben seiner
Sammlung antiker
Gläser hortete der ge-
lernte Typograf wahre
Schätze in seinen Laden
und Regalen: Fotos aus
dem Österreich der
Zwischenkriegszeit,
Zeitschriften, Bildbände
und Proben seiner
Arbeit als Kalligraf.
Beim Abschied schenkte
uns Robert Haas prä-
historische Pfeilspitzen
der Indianer, die er in
seiner „Neuen Welt"
gesammelt hatte.

*Den „Token" in der Handtasche: Steffy Browne in Wien als
Martha Stephanie Braun geboren, fuhr auch im Alter von
neunzig Jahren mit dem Bus durch Manhattan.
Die studierte Nationalökonomin nahm ab 1925 mit etwa
zwei Dutzend Studenten, Dozenten und Professoren regelmäßig
am „Privatseminar" von Universitätsprofessor Ludwig von
Mises teil. Dieses legendäre Seminar in der Handelskammer war
die Geburtsstunde der „Österreichischen Schule für Nationalökonomie". „The Austrian Economics" sollten sich als extrem
wichtige und einflussreiche Denkrichtung der Wirtschaftswissenschaften in den USA etablieren. Ihre seinerzeitige
Doktorarbeit ist in Wien verschollen: „Professor Erich Streissler
ist darüber ganz traurig", erzählt Frau Browne und findet ihre
Münze für die Busfahrt.*

Als Deutscher in Wien, als Wiener in New York:
Hans Heinsheimer leitete in Wien die „Universal Edition".
In diesem Musikverlag publizierten Komponisten wie
Alban Berg, Kurt Weill oder Arnold Schönberg. Nach Hitlers
Machtübernahme durften ihre Werke in Deutschland nicht
mehr aufgeführt werden. Für die „Universal Edition" war das
ein schwerer wirtschaftlicher Schlag. Der gebürtige Karlsruher
Heinsheimer fühlte sich in der Emigration als Wiener und
schrieb Musikkritiken, unter anderem für die Tageszeitung
„Die Presse".

Der „revolutionäre Sozialist" und die französische Prinzessin:
Durch Intervention von Marie Bonaparte und Anna Freud
erhielt der Arzt und „revolutionäre Sozialist" Richard Berczeller
ein Visum zur Ausreise nach Frankreich. So konnte der Schüler
des Wiener Sozialpolitikers Julius Tandler sein Leben retten.
Die Nazis hatten den angesehenen Arzt in Mattersburg
unmittelbar nach dem „Anschluss" verhaftet. Über die
Elfenbeinküste kam Berczeller schließlich nach Amerika.
Er wirkte als Arzt unter anderem im Armenviertel „Bowery".
Berczeller starb 1994 in New York.

Prälat Johannes Österreicher lebte und lehrte an der
Seton Hall University in New Jersey. Der Leiter des von ihm
1934 gegründeten Wiener „Pauluswerkes" widmete sein Leben
dem christlich-jüdischen Dialog und dem Kampf gegen den
Antisemitismus. Seine Ideen und Formulierungen prägten ent-
scheidend die Erklärungen des Zweiten Vatikanischen Konzils
zum Verhältnis zwischen katholischer Kirche und Judentum.

„Die klane Jüdin is a Kanon'": Dr. Clementine Zernik ver-
teidigte als eine der ersten weiblichen Anwälte Wiens „schwere
Burschen". Mit Erfolg. Das erwarb „der kleinen Jüdin" in der
Wiener Gaunerszene Respekt. In New York konnte Clementine
Zernik nicht als Anwältin arbeiten, sie wurde Lehrerin,
Bibliothekarin und schließlich Mitarbeiterin der UNO.
Sie wirkte ehrenamtlich für das österreichische Generalkonsulat
und leitete die „Austrian American Foundation".

*Ein Journalist in New York: Am Beginn des Jahres 1988 flogen
Andreas Weber, heute Chefredakteur beim Magazin „News",
und Gerhard Jelinek (im Bild) nach New York. Die Idee: Zum
50. Jahrestag des sogenannten „Anschlusses" sollten die Opfer
von 1938 zu Wort kommen. Die politische Debatte damals
wurde von der Waldheim-Affäre überschattet und geprägt. Der
amtierende Bundespräsident war auf die „Watchlist" gesetzt
worden. Kurt Waldheim durfte nicht in die USA einreisen.
Der damalige Schnappschuss auf der „Brooklyn Bridge" ist ein
Zeitdokument. Die „Twin Towers" im Hintergrund fehlen
heute in der New Yorker „Skyline".*

lich nicht übel nehmen, dass sie da gejubelt haben. „Jetzt kriegen wir eine Anstellung!", haben sie gehofft. Und es war ja auch so, weil der deutsche Einmarsch hatte anfangs eine segensreiche Wirkung auf die, die keinen Posten hatten.

Dann sind natürlich schon die Morde losgegangen. Das wusste man schon, das hat man in Wien überall gehört: „Der ist jetzt ermordet worden, und der ist abgeholt worden, und den haben sie weggeschleppt" und dergleichen. Und dann hat man bereits diese Judengeschichten gesehen, wo die Juden die Straßen- und Gehsteigränder putzen mussten – furchtbar! Grobe Behandlung. Aber wie gesagt, am Anfang hat man sich gedacht, es wird sich doch irgendwie ausgleichen.

Deswegen bin ich ja auch geblieben. Dann kamen ein paar böse Nachrichten für mich. Dr. Bernegger war in Oberösterreich auch für die Bekämpfung der illegalen Nazis zuständig, er hatte die „politischen Sachen" über. Jedenfalls weiß ich verlässlich von seiner Frau, dass sie damals zum Gauleiter Eigruber gegangen ist und für ihren Mann gebeten hat, damit ihm nichts passiert. Und da hat Eigruber gesagt: „Was, Ihr Mann lebt noch? Da können Sie sich morgen die Asche von ihm abholen." Jedenfalls war Bernegger eingesperrt, den haben sie aus dem Gefängnis rausgeholt und gesagt: „Jetzt renn!" – und haben ihn von hinten erschossen. Die Frau hat am nächsten Tag die Asche gekriegt. Das ist eine grausliche Geschichte gewesen. Und so war es überall. Der Polizeidirektor von Linz war ein Schwager von Hermann Göring. Seine Frau war eine Schwester der Frau Göring. Der hat sich natürlich sicher gefühlt. Er wollte Oberösterreich dennoch verlassen, ist aber an der Grenze zur Tschechoslowakei gefasst und gleich hingerichtet worden.

Das wurde damals in den Zeitungen berichtet. Es wusste ein jeder in Österreich, wie es da zugegangen ist. Es war eine grausliche Geschichte und eine furchtbare Stimmung. Die Illegalen haben natürlich schon Freude daran gehabt, wie schnell der Umschwung eingetreten ist.

Ich habe das Gefühl gehabt: „Jetzt musst du weg, jetzt wird zu viel gemordet. Man kann nie wissen, in welche Hände man kommt, man wird umgebracht, und es ist erledigt." Das wollte ich doch nicht, und da habe ich mir gesagt: „Jetzt fährst du einmal für einige Zeit weg, und wenn du zurückkommst, können sie dich ruhig verhaften, denn die müssen doch auch schließlich anständig sein, die können da doch nicht so wild herummorden."

So habe ich beschlossen, nach Berlin zu fahren. Ich habe mir eine Karte gekauft und bin nach Berlin gefahren, habe mir ein Zimmer dort genommen und bin hier drei Wochen geblieben. Ich bin überall herumgefahren, habe dort die Nazis gesehen, die mir vollständig harmlos vorgekommen sind. Man ist überall mit denen zusammengesessen, das hat sie weiter nicht gestört, und sie haben auch keine irgendwie feindseligen Bemerkungen gemacht. Das waren junge Burschen meistens, und ich habe eigentlich kein schlechtes Gefühl in Berlin gehabt und bin zurückgefahren. Ich bin also nach Wien, weil ich mir gedacht habe: „Jetzt gehst du in die Polizeidirektion oder in die Generaldirektion für die öffentliche Sicherheit – falls es diese noch gibt."

Mein Vater war ein ausgesprochener Optimist und hat gemeint: „Das wird sich schon geben, hab keine Sorge" und so weiter. „Du warst ein anständiger Mensch, wir waren immer anständig, da kann dir nichts passieren!" Daran habe ich mich erinnert. Ich bin ziemlich streng katholisch, und so bin ich noch vorher zum heiligen Judas Thaddäus in die Kirche auf der Mariahilfer Straße gegangen und habe noch recht gebetet, dass er mich beschützen möge. Dann bin ich wieder zurück in das Haus in der Gumpendorfer Straße, und als ich reinkomme, sind dort schon zwei Kriminalbeamte, die mich gepackt haben und allerdings sehr höflich gewesen sind – die waren furchtbar nett. Also, die haben mich damals verhaftet und gesagt, ich soll mir ein paar Sachen mitnehmen, „es wird ja eh bald in Ordnung kommen, Herr Doktor" und so weiter. So kam ich also ins Polizeigefängnis, und dort bin ich eine Woche geblieben. Die Behandlung, muss ich sagen, war erstklassig. Sie haben mich überhaupt nirgends eingesperrt, sie haben nur gesagt: „Gehen Sie rein in diese Zelle und schlafen Sie dort."

Dann ist allerdings eine SS-Inspektion gekommen. Da hat es geheißen, ich komme jetzt in ein strengeres Gefängnis. Und zwar haben sie mich ins Landesgericht I versetzt, in eine Zelle. Dort hat sich gleich der Kommandant bei mir gemeldet, der war früher Schriftführer. Die gute Behandlung ging weiter, wahrscheinlich noch so zwei Wochen. Eines Abends erscheint der Bezirksinspektor – der hat das dort über gehabt – bei mir: „Herr Doktor, ich bin in einer furchtbaren Lage. Da unten ist ein Auto mit lauter wilden SS-Leuten, und die wollen sofort Ihre Auslieferung haben. Sie werden nach Linz gebracht." Habe ich gesagt: „Versuchen Sie halt ...", sagt er: „Ich habe schon alles versucht! Ich habe gesagt, dass ich nach fünf Uhr niemand mehr ausliefern darf." Darauf haben die gesagt, ist wurscht, ich muss runtergebracht werden. Auftrag des Gauleiters. Dann haben sie mich runtergebracht. Da waren drei SS-Leute und ein hoher SS-Mann mit einer Menge Silber. Dann haben sie mir Ketten umgehängt. Und so ging der Abtransport Richtung Linz zu.

Die Geschichte war schon ziemlich unheimlich, denn einer hat gesagt: „Herr Doktor, die bringen Sie im nächsten Wald um! Seien Sie vorsichtig!" Wir fahren dann tatsächlich in ein Wäldchen. Ziemlich weit draußen bleibt das Auto stehen, und der hohe SS-Mann sagt zu mir in sehr scharfem Ton: „Sie kommen jetzt mit mir!" Na, wir zwei sind ausgestiegen, sind in den Wald hineingegangen, und als wir außer Hörweite waren, sagt er zu mir: „Haben Sie mich nicht erkannt?", ich darauf: „Nein!" Sagt er: „Ich bin doch Ihr ehemaliger Kriminalbeamter, der Neumüller." „Jessas, na", habe ich gesagt, „wie kommen denn Sie in diese hohe Uniform?" „Ja", sagt er, „ich muss Ihnen hier gestehen, ich war ein Illegaler. Ich habe allerhand Sachen, Aufträge von Ihnen nicht richtig durchgeführt. Aber seit die Nazis da sind, hasse ich

99

sie, und ich werde alles machen, um Sie hier rauszukriegen! Ich bin Ihr Referent in Linz", hat er mir gesagt, „sorgen Sie sich nicht, ich werde alles tun, um Ihnen rasch zu helfen!" Das war der Neumüller. Er war wirklich anständig.

Dann sind wir gegen Linz gefahren, und er hat mir noch gesagt: „Ich werde furchtbar mit Ihnen schreien, damit die Geschichte nicht verdächtig wird. Und wenn ich etwas Wichtiges für Sie habe, lasse ich Sie vorführen, und dann schreie ich Sie an – vergessen Sie das wieder, ich meine es nicht so – aber jedenfalls arbeite ich bereits daran, wie ich Sie rauskriege."

Ich bin dann dort ins Gefängnis eingeliefert worden – da war ganz nahe das Polizeigefängnis – die Wachleute haben sich skandalös verhalten, muss ich sagen. Ich habe gesehen, wie sie andere Leute geschlagen haben – da waren richtige Nazis dabei, verbissene Nazis, die die Gefangenen schlecht behandelt haben. Dann werde ich ungefähr nach drei, vier Tagen bei Neumüller vorgeführt. Er schreit, macht einen Wirbel, und dann hat er plötzlich leise zu mir gesprochen, da war aber niemand im Zimmer. Da hat er gesagt: „Ich habe es durchgesetzt, dass Sie von hier nach Salzburg versetzt werden. Da sind Sie außer Gefahr, denn der Eigruber will Sie umbringen lassen."

Eigruber war öfters von mir bestraft worden. Der Gauleiter war ein böser Mensch. Er ist ja dann auch gehängt worden. Er hat gesagt: „Ich glaube, dass Sie in Salzburg gleich frei gehen werden, aber ich weiß es nicht."

Jedenfalls kam ich dort ins Landesgericht, und dort befand ich mich in sehr guter Gesellschaft – mit dem Landeshauptmann Rehrl und einem General zusammen in einer Zelle. Aber es war furchtbar mit den zweien, die haben die ganze Zeit geweint und gejammert. Ich kannte Rehrl nur flüchtig, aber jeder hat doch eine große Achtung vor ihm gehabt, weil er doch die Salzburger Festspiele begonnen hat. Das war doch ein ganz großer Landeshauptmann, nicht? Und der General war einer, der noch auf die Nazis hat schießen lassen, als sie in Österreich einmarschiert sind. Also, der hat gesagt: „Ich werde bestimmt erschossen!" Es war eine sehr getrübte Stimmung.

Das Komische ist, ich war damals – neben meinem Polizeijob – noch Schriftleiter von einer fotografischen Zeitschrift und auch Schriftleiter des österreichischen Jahrbuches für Fotografie. Plötzlich kommt der Kommandant von der SA zu mir und sagt: „Herr Doktor, sind Sie vielleicht der Herausgeber vom Lichtbildner?" „Ja." Sagt er: „Seit dem ersten Tag habe ich diese Zeitschrift abonniert und bin begeistert. Ihr Jahrbuch habe ich auch" und so weiter. Also, der hat mich für eine Woche dann mit den besten Büchern ausgestattet. Wenn ich irgendein Buch wollte, ist er schon gerannt und hat es mir aus Büchereien und von überall hergebracht. Jedenfalls hatte ich es da gut, und er hat gesagt: „Na, Sie bleiben eh nicht lange da, Sie werden ja bald frei gehen." Ich bin aber nicht freigekommen.

Wochen später kommt er bestürzt zu mir rein in die Zelle: „Da ist eine neue Anzeige gegen Sie, wegen Übergriffen auf die Partei, dass Sie es sogar mit den Roten manchmal gehalten haben. Ich kann nichts machen", hat er gesagt, „da ist ein Befehl hier, Sie müssen an die Gestapo in München ausgeliefert werden." Er hat gesagt: „Es wird nicht so arg sein, aber ich kann nichts machen, und Sie müssen ausgeliefert werden!"

So wurde ich nach München geschickt und dort eingesperrt. Es ist ein grausliches Gefängnis gewesen, ein kleines Gefängnis. Also, ich habe ja einen Schutzengel gehabt, dass ich heute so gesund bin – unwahrscheinlich! Jedenfalls kann ich mich erinnern, dass ich in der Polizeikaserne dem Polizeidirektor von München vorgeführt wurde. Ich kann mich noch an seine Bemerkung erinnern. „Mir kann es ja auch jeden Moment passieren, dass sie mich einsperren", hat er gesagt. Und so kam ich dort eigentlich gut durch. Ich habe dann zwei Verhöre bei der Gestapo gehabt, die auch nichts Besonderes waren, dann hat er mich halt fesseln lassen und runtergeführt ins Gefängnis zur Gestapo.

Aber dann wurde mir dort bei der Gestapo mitgeteilt, dass ich vor das Volksgericht in Leipzig komme, dort ist die ganze Anklage gegen mich in Vorbereitung. Und so kam ich dann mit einem wirklich trostlosen Transport nach Leipzig. Da waren wir alle einzeln in Käfigen eingesperrt, in richtigen Käfigen, ziemlich niedrig, dass man kaum stehen konnte. In dem Volksgericht waren Verbrecher und politische Häftlinge, alles gemischt. Dann kam es zu einer Verhandlung. Ich wurde vorgeführt, ein Richter saß dort, und links und rechts hohe SS-Leute. Der Richter hat gleich begonnen, die Anklage vorzulesen, die offensichtlich von einem Rechtsanwalt in Steyr geschrieben war, aber unterschrieben von meinem eigenen Trauzeugen, der ein illegaler Nazi und Polizeirat war. Und da wurden mir Amtshandlungen vorgehalten, die mein Kollege geführt hat.

Ich habe gesagt: „Das sind nicht meine Amtshandlungen gewesen, das war der Herr Polizeirat Soundso." Der Richter hat gemeint: „Bitte, das werden wir überprüfen. Wenn das wirklich nicht Ihre Amtshandlungen sind … Das waren lauter Amtshandlungen gegen Rote, und wenn das nicht stimmt, können Sie dafür nicht verurteilt werden. Aber wenn Sie den Roten geholfen und die Nazis schikaniert haben, dafür gibt es die strengste Strafe."

Und dann hat er noch eigene Amtshandlungen von mir vorgebracht. Vorgehalten hat er mir besonders Maßnahmen gegen den NS-Landesjugendführer – was weiß ich, den habe ich zwei Jahre eingesperrt gehabt, vielleicht einmal drei Monate oder sechs Monate. Der hat recht arge Sachen aufgeführt. Der Richter hat gesagt: „Den werden wir als Zeugen vernehmen, und das andere werden wir ja leicht in der Kanzlei feststellen können, wer diese Amtshandlungen geführt hat." Ich bin dann ungefähr nach drei Wochen aus dem Gefängnis wieder diesem Richter vorgeführt worden, und der hat mir mitgeteilt: „Alles ist wahr, was Sie gesagt haben, Sie haben die roten Amtshandlungen überhaupt nicht geführt, und Schopper hat gut über Sie ausgesagt." Er hat keinerlei

Kritik geübt, er hat gesagt, ich sei immer in die Gefängnisse gegangen und habe geschaut, dass die politischen Gefangenen gut behandelt werden. „Ich spreche Sie frei!"

„Aber", sagte er, „die Partei verlangt, dass Sie als Gegner der nationalsozialistischen Bewegung ins Konzentrationslager kommen." Er hat mir nicht gesagt, wie lange, er hat gesagt: „Für eine gewisse Zeit kommen Sie jetzt ins Konzentrationslager!" Und so bin ich dann von dort nach Buchenwald gelangt. Ich war sechs Monate in Buchenwald, bis zum Geburtstag Adolf Hitlers am 20. April 1939. Im Zuge einer großen politischen Amnestie bin ich frei gegangen.

Man hat mir eine Fahrkarte nach Linz gegeben, und dort habe ich mich wieder bei meiner alten Dienststelle gemeldet. Der neue Chef hat die ganzen ehemaligen Kriminalbeamten, auch die, die jetzt bei der Gestapo waren, zusammengeholt, und es war ein wirklich besonders nettes Zusammensitzen und Reden. Die sind mit mir dann noch zum Bahnhof gegangen und haben sich von mir empfohlen. Zwei oder drei haben gesagt: „Wir möchten gerne mit Ihnen mitfahren, Herr Doktor!" Aber sie haben mir gesagt: „Schauen Sie, dass Sie so schnell wie möglich rauskommen, weil der Eigruber will Sie unbedingt beseitigen."

Ich wusste zu viele Sachen über Eigruber. Der hat oft interveniert bei uns, damit sie ihn frei gehen lassen, und er hat mir alle möglichen Nazisachen verraten. Er wollte natürlich nicht, dass jemand das den neuen NS-Machthabern erzählt. Und so bin ich damals nach Wien. Meiner Frau haben sie schon die ganzen Papiere geschickt, damit wir über die Grenze kommen. Auch einen gültigen Pass haben sie auf dem Polizeikommissariat hinterlegt. So bin ich dann über die Grenze nach Holland gegangen. Ich habe ohne Weiteres ein Emergency-Visum der Vereinigten Staaten gekriegt, weil die österreichische Polizei zugleich Mitglied der internationalen Polizei war, und so bin ich damals rübergekommen. Am 8. Juni 1939 sind wir in New York gelandet: Das war alles mein liebes Schutzengerl vom lieben Gott.

Wir sind also angekommen, und ein katholisches Komitee mit einem Monsignore Ostermann hat uns mit minimalen Beträgen geholfen. Ich war ja ein guter Fotograf und hatte einen sehr guten Namen. Jedenfalls habe ich hier zu fotografieren begonnen. Das sind auch meine ersten Aufnahmen von Amerika, also New York hauptsächlich – ich habe schon vom Schiff aus fotografiert, die Landung und das alles.

Gelebt habe ich davon, dass ich fotografische Postkarten gemacht habe, die waren schon recht bekannt in New York. Das war mein Beginn, und so hat auch die Gallery Saint Etienne von der Geschichte erfahren und hat mich zu der Ausstellung eingeladen. Die haben alles bezahlt, sogar die Kosten dafür übernommen, dass ich die Bilder vergrößern konnte.

Um Englisch zu lernen – ich hatte ja keine Zeit, ich musste ja eine Familie erhalten –, habe ich Zeitung gelesen. Man kann mit Deutsch ganz gut englische Zeitungen lesen und lernt dazu, weil da so viele ähnliche Worte sind. Und da habe ich gelesen, dass sich die Frau des Präsidenten, Mrs. Eleonore Roosevelt, für Fotografien interessiert. So habe ich mit Hilfe einen englischen Brief an die Frau des Präsidenten geschickt und sie gefragt, ob sie nicht zu meiner Ausstellung kommen will, und habe ihr einen Stapel von meinen Bildern beigelegt und halt gehofft, dass sie kommt. Ein paar Tage später habe ich schon eine Antwort von ihr gehabt. Das ist ja auch einzigartig: Die Frau des Präsidenten antwortet einem Unbekannten. Jedenfalls hat sie geschrieben, sie möchte gerne kommen, ich solle die Eröffnung verschieben, dann würde sie kommen und offiziell die Ausstellung eröffnen. Und das hat sie gemacht! Sie kam, wir sind alle unten auf der Straße gestanden und haben gewartet, dass da ein großer Wagen vorfährt – zu Fuß ist sie gekommen und hat sich bei uns erkundigt, ob da die Gallery Saint Etienne ist. Die Frau des amerikanischen Präsidenten!

Hans Heinsheimer

# „Wir haben wirklich in einer Traumwelt gelebt. "

## Zur Person

Hans Heinsheimer wurde am 25. September 1900 in Karlsruhe geboren und übernahm als 23-Jähriger die Leitung der Bühnenabteilung der „Universal Edition". Ab 1932 bildeten Hans Heinsheimer, Alfred Kalmus und Hugo Winter das Direktorium des Verlages. Mit dem „Anschluss" Österreichs an Deutschland änderten sich die Besitzverhältnisse des Verlages radikal. Die meist jüdischen Aktionäre wurden gezwungen, ihre Anteile zu einem Spottpreis zu veräußern. Rechtsanwalt Ernst Geutebrück eignete sich zunächst unter Berufung auf das Reichsministerium für Volksaufklärung und Propaganda den Verlag kurzerhand an. Heinsheimer starb im Oktober 1993 in New York.

*

Ich habe wirklich Glück gehabt. Ich habe Wien schon am 5. März 1938 verlassen, weil ich eine Geschäftsreise nach New York machen sollte. Wir haben hier eine Vertretung gehabt und ich sollte nach dem Rechten sehen, weil wir mit der Vertretung in den USA nicht sehr zufrieden waren. So bin ich über Paris nach Le Havre gefahren, wo ich gerade noch die „Bremen" erwischt habe. Schon in Paris haben alle Zeitungen darüber berichtet, was in Österreich passieren wird. Da habe ich in französischen Blättern Fotos aus Graz gesehen, wo schon die Hakenkreuzfahnen gehängt sind. Das waren Sachen, die wir in Wien überhaupt nicht gewusst haben, auch nicht wissen wollten. Ich habe aus Paris an die Kollegen, die auch jüdischer Herkunft waren, in der „Universal Edition" geschrieben: „Es ist alles viel ärger, als wir glauben, und ich werde wahrscheinlich nicht mehr zurückkommen können."

So bin ich also nach Amerika gelangt. Und nachdem ich eine Woche in New York war, kam das Antwortschreiben aus Wien. „Das ist alles ein Blödsinn, lass dich doch nicht verrückt machen. In Wien ist alles ruhig." Hitler war schneller als der Postweg. Als mich der Brief erreicht hat, waren die Deutschen bereits in Wien und meine Kollegen in der „Universal Edition" schon eingesperrt.

Ach, wir haben gedacht, uns in Österreich wird schon nichts passieren. Mussolini wird kommen und uns helfen. Ich selbst habe damals Artikel für Zeitschriften geschrieben, in denen ich behauptet habe: In Deutschland bessert sich die Lage bereits.

Also, wir sind überhaupt ganz, ganz falsch gelegen. Alle anderen auch. Es ist ja fast niemand vor dem 12. März weggegangen.

Ich kannte nur einen einzigen Fall, die Familie Simon. Als Bundeskanzler Schuschnigg zu Hitler nach Berchtesgaden gefahren ist, hat Herr Simon plötzlich zu seiner Familie gesagt: „Wir fahren in die Schweiz zum Schifahren." Dabei ist der noch nie zuvor auf Schi gestanden. Der hat sein Geld auch schon vorher nach Holland gebracht. Er war einer der wenigen, die die politische Situation ernst genommen haben. Dabei waren die Nazis in Deutschland schon fünf Jahre am Ruder. In Deutschland war die Sache aber noch relativ ungefährlich. Die Brutalität hat eigentlich erst in Wien angefangen. Auf dem Weg nach Paris bin ich über Deutschland gefahren und habe meine Mutter in Baden-Baden besucht. Das war keineswegs lebensgefährlich.

In Wien haben wir zu Schuschnigg absolut Vertrauen gehabt. Man hat geglaubt, Österreich ist wie Italien, ein Staat wie jedes andere Land außerhalb des Deutschen Reichs. Ich habe damals

106

eine christliche Lebensgefährtin gehabt, und als ich weggefahren bin, habe ich ihr gesagt: „Ich komme im Herbst wieder." So war es. Blöd. Kurzsichtig. Dumm.

Wir haben wirklich in einer Traumwelt gelebt. Wir waren sehr zufrieden und glücklich in Wien. Eine schöne Stadt, schöne Frauen, schöne Lokale. Da will man einfach nicht glauben, dass man weg muss. Man hat nicht gewusst, dass die Sache auf so schwachen Beinen steht. Zuerst die Begeisterung für die Schuschnigg-Volksabstimmung, und drei Tage später jubeln die Menschen am Heldenplatz. Man hat das Gefühl gehabt: Jetzt ist es aus, endgültig.

Dabei habe ich ehrlich gesagt in Wien keinen besonderen Antisemitismus gespürt, eigentlich nicht. Ich nicht, jedenfalls nicht stärker als in Amerika. Da gab es ja „Restricted Clubs", in die man als Jude nicht hinein durfte, auch in viele Hotels durfte man als Jude nicht. Ich habe in Wien keinen besonderen Antisemitismus gespürt. Das ist offenbar erst rausgekommen. Hitler hat ja eine ungeheure Magie auf Menschen gehabt.

Ja, ich wollte ja gar nicht weg. Ich hatte damals eine Beziehung zu einer bekannten ungarischen Soubrette und bin übers Wochenende nach Budapest gefahren. Glücklicherweise hat mir ein Kollege geraten, ich möge nach Amerika fahren. Das hat mir sicher mein Leben gerettet. Mein Schwiegervater ist 1937 aus Deutschland nach New York ausgewandert. Es hat ihm hier aber gar nicht gefallen. Er mochte nicht, wie die Leute hier leben und wohnen. Er ist wieder nach Deutschland zurückgegangen: „Mir wird schon nichts passieren." Er ist dann gerade noch im letzten Moment rausgekommen.

Ich war gar nicht gläubig. Die Juden in Wien waren zum großen Teil vollständig assimiliert und haben es zu etwas gebracht. Es gab ja wesentliche Unterschiede zwischen den Juden. Zu den Orthodoxen, die mit den Bärten und so, hatten wir keinen Bezug. Wir waren total vom westlichen Leben absorbiert. Für Religiöse war die Naziverfolgung vielleicht sogar etwas leichter zu ertragen, die haben wenigstens etwas gehabt, woran sie glauben konnten.

Die Gestapo ist schon am ersten Tag in den Verlag gekommen, aber der Heinsheimer war in Amerika, haben sie denen gesagt. Ich wäre nach Dachau gekommen. Wenn ich mir vorstelle, wie die mir dort meine Artikel vorgelesen hätten. Das wäre ziemlich peinlich gewesen. Wir haben uns in Wien sicher gefühlt, und wir haben auch kritische Artikel über die Nationalsozialisten geschrieben.

Ich war der Direktor der Opernabteilung bei „Universal Edition". Bei der Premiere des „Wozzeck" in Berlin saß ich neben Alban Berg. Dabei wurde unser Geschäft ab der Machtergreifung Hitlers 1933 deutlich dezimiert. Unsere wichtigsten Komponisten, ob jüdisch oder nicht, konnten ja in Deutschland nicht mehr aufgeführt werden. Alban Berg, Arnold Schönberg und so weiter. Unser Geschäft ist beinahe zusammengebrochen, aber wir sind in Wien gesessen – Kurt Weill beispielsweise war einer unserer Komponisten – und haben gedacht, das wird sich schon wieder einrenken. Ich sage Ihnen, wir sind dem vollkommen blind gefolgt.

Ich bin zwar erst mit 23 Jahren aus Deutschland nach Wien gekommen, aber ich habe immer das Gefühl gehabt, ich gehöre zu Wien. Als wir nach Amerika gekommen sind, sind wir hierher in die 86. Straße gezogen. Da war alles deutsch. Es lebten viele Deutsche hier. Es gab deutsche Geschäfte, Wiener Cafés. Das ist jetzt alles vorbei. Ich habe hier geheiratet und zwei Kinder. Das sind amerikanische Kinder, voll integriert. Wir sind hier.

Stella K. Hershan

# „Das Ärgste war der Frühling in Wien, überall hat der Flieder geblüht."

## Zur Person

Stella K. Hershan wurde am 7. Februar 1915 in Wien geboren. Sie wuchs in Hietzing auf, besuchte das Gymnasium in der Wenzgasse und heiratete mit 17 Jahren in der Hietzinger Synagoge. Nach der Geburt ihrer Tochter Lisa musste Hershan 1939 emigrieren. Über die Schweiz und Frankreich kam sie 1939 an Bord der „Queen Mary" in New York an. In den USA baute sich Hershan eine Existenz als Sprachlehrerin, Vortragende und Schriftstellerin auf. Ihr 1972 im Wiener Molden-Verlag publizierter Roman „Der nackte Engel" wurde zum Bestseller. Stella K. Hershan besuchte im Jahr 2005 eine Ausstellung der Volkshochschule Hietzing, die anlässlich ihres 90. Geburtstages gestaltet wurde.

\*

Ich war noch sehr jung, aber ich war schon verheiratet. Ich habe mit 17 geheiratet. Und bis zum 11. März, also bis zu dem entscheidenden Tag, hat man es eigentlich nicht geglaubt. Freunde, die aus Deutschland nach Österreich gekommen sind, haben uns gefragt: „Worauf wartet ihr, es wird doch auch hierherkommen." Sage ich: „Ausgeschlossen, wir sind doch in Österreich. Die Welt wird das nicht erlauben." Nun, dann plötzlich war März 1938, und Schuschnigg hat im Radio gesprochen.

Meine Eltern waren damals fort. Sie sind jedes Jahr im Frühling nach Frankreich gefahren, nach Nizza. Und so sind sie auch dieses Jahr Anfang März verreist. Sie wissen natürlich, dass Schuschnigg eine Wahl angesetzt hat. Und vor dieser Wahl ist mein Vater weggefahren, und die Leute haben gesagt: „Jetzt fahren Sie weg, vor den Wahlen?"

Die Geschehnisse haben ja nicht auf den Einmarsch gewartet, das war über Nacht. Mein Mann hat eine Schlosserei in der Brigittenau gehabt. Die hat seinem Vater gehört. Er und seine Brüder haben sie geführt. Und wir waren zirka ein Jahr verheiratet, da war die Ansprache von Schuschnigg. Das Interessante war – und das kann sich niemand vorstellen – bis zu dem Moment haben wir gesagt: „Das kommt doch gar nicht in Frage, dass man weggeht, es wird nichts passieren." Aber in dem Moment, als die Ansprache war, wusste man, dass man weg muss, so rasch wie möglich. Wie und was, wusste man nicht, aber man wusste, man muss fort.

Am nächsten Morgen ist mein Mann in seine Fabrik gegangen, und dort ist ein Funktionär von der Nazipartei gesessen, an seinem Schreibtisch, mit einem Hakenkreuz natürlich, und hat gefragt: „Wer sind Sie?" Hat er gesagt: „Ich bin der Besitzer", und er hat gesagt: „Nicht mehr, schauen Sie, dass Sie weiterkommen. Das gehört nicht mehr Ihnen." Und so ist er wieder nach Hause gekommen. Dann haben wir gesagt, ja, wir müssen eigentlich schauen, was mit dem Haus meiner Eltern los ist. Sie haben ja die Villa in Hietzing besessen. Wir haben einen Ford gehabt. Den hat mein Mann als Hochzeitsgeschenk von meinem Vater bekommen. Und so sind wir mit dem Auto losgefahren, und dann ist eine Bande junger Leute mit Hakenkreuzbinden am Arm gekommen, sie haben das Auto aufgehalten und uns gefragt: „Ist das Ihr Auto?" „Ja." – „Sind Sie jüdisch?" „Ja." – „Geben Sie uns die Schlüssel", und das Auto war weg. So, das war der erste Morgen.

Meine Eltern sind in der Zwischenzeit weggefahren. Da hatten wir noch geglaubt, es wird zur Volksabstimmung kommen. Die Banken, so viel ich mich erinnern kann, waren geschlossen. Über Nacht war man praktisch von der Welt abgeschnitten. Wir

110

haben nur noch die Radionachrichten gehört. Und das ist etwas, was sich Leute, die in einem freien Land geboren sind, nicht vorstellen können. Ich habe es mir auch nicht vorstellen können: Dass dann, wenn man keine Freiheit mehr hat, wenn man in einer Diktatur lebt, ganz egal welche, alles zu Ende ist. Jede Freiheit ist weg, sofort. Dieses Klima von Angst, dass die Polizei nicht mehr da ist, Sie zu beschützen, dass Ihre Tür nicht mehr sicher ist, die Angst jedes Mal, wenn die Klingel läutet, das bleibt Ihnen lange in den Gliedern. Lange, lange.

Am ersten Tag, gleich nach dem Einmarsch, sind die Leute zum Straßenwaschen geholt worden. Und dann hat es bei mir Sturm geläutet – ich war allein zu Hause, nur mit dem Kindermädchen und mit dem Baby. Nun, da stand ein ganzes Rudel junger Leute – 18, 19 so was – mit Armband, Hakenkreuzen, vielleicht acht oder zehn. Ich habe gefragt: „Was wollen Sie?" Haben sie gesagt: „Na, mitkommen müssen Sie." Frage ich: „Wozu?" „Zum Straßenwaschen." Sage ich: „Dafür habe ich keine Zeit, ich habe ein Baby." – „Was tun wir da? Wenn sie keine Zeit hat, dann gehen wir wieder." Darauf haben sie sich umgedreht und sind abmarschiert.

Junge Leute heute sollten lernen, dass man nicht alles tut, was einem irgendwer anschafft. Die waren so überrascht, als ich gesagt habe: „Ich habe keine Zeit." Sie waren perplex, dass ich nicht zitternd dort gestanden bin. Das war nicht das, was sie erwartet haben. Es hätte allerdings auch anders ausgehen können.

Das Geschäft war weg. Ich habe versucht, nachzudenken, wie das mit Geld war, wie wir überhaupt existiert haben. Ich weiß es nicht. Ich war sehr jung, mein Mann hat die Finanzen geführt – ich weiß es nicht, ich weiß es wirklich nicht. Aber irgendwie haben wir existiert. Ich habe eine sehr schöne Wohnung gehabt, in Grinzing, auch nicht billig, und die haben wir natürlich aufgeben müssen und sind in das Haus meiner Eltern gezogen, in Hietzing. Und das war die einzige Möglichkeit, aber es war nicht sehr sicher, weil mein Vater im Ausland war, in Frankreich, und ich habe die Gestapo jeden Tag bei mir zu Hause gehabt, jeden Tag.

Das Interessante ist, und das können sich die Leute gar nicht vorstellen: Wir waren nicht religiös aufgezogen. Religion war uns einfach egal. Ob meine Freunde jüdisch sind oder nicht jüdisch waren, das haben wir nicht gewusst. Mein Mann war etwas mehr religiös; seine Mutter war religiös, aber im Großen und Ganzen habe ich sehr wenig davon gewusst. Menschen, die religiös waren, haben wenigstens einen Grund gehabt, für die war es vielleicht leichter. Ich war in Wien geboren, und alles, was ich gewusst habe, war: Ich bin Österreicherin, und auf einmal bin ich nicht mehr Österreicherin.

Die Israelische Kultusgemeinde hat alle Mitgliederlisten geführt – dadurch haben es ja die Nazis sehr leicht gehabt. Sie haben die ganzen Listen erbeutet. Und selbst Juden, die überhaupt nichts mit Religion am Hut hatten, waren in den Mitgliedslisten der Kultusgemeinde. Wer austreten wollte, musste sich als Atheist deklarieren. Aber das haben die Leute doch nicht wollen, sogar die, die nicht religiös waren.

Dann sind jeden Tag neue Verordnungen herausgekommen. Da hat es geheißen, Auslandsvaluten müssen zurückkommen, also die Leute, die im Ausland waren. Die Gestapo ist jeden Tag gekommen und hat nach meinem Vater gesucht. Ich war achtzehn. Mit achtzehn hat man keine Angst. Ich habe nur Angst gehabt, wenn mein Mann da war, weil er hat ein starkes Temperament gehabt. Ja, da habe ich Angst gehabt, dass mit ihm etwas passiert. Und wenn die Gestapo gefragt hat, habe ich gesagt, mein Vater ist alt und nicht gesund und er kann nicht zurückkommen. Sie waren immer sehr höflich, meistens Deutsche, ein Obersturmbannführer. Er hat gesagt: „Seien Sie vorsichtig mit den Österreichern, die sind vollständig rabiat und wild. Das ist schrecklich. Mit denen kann man überhaupt nicht fertig werden. Sobald Sie Probleme haben, rufen Sie mich an."

Das Wichtigste war, man muss weg. Aber wohin? Die Türen waren alle geschlossen. Man konnte nicht hinaus, und man konnte nirgends hinein. Dann musste man, um einen Reisepass zu bekommen, eine sogenannte Steuerunbedenklichkeitserklärung vorlegen. Aber nachdem mein Vater nicht in Österreich war, war das sehr schwierig für uns. Das Geschäft war weg, und unsere Möbel sind irgendwie ins Dorotheum oder zu einem Spediteur gekommen. Die waren auch für ewige Zeiten weg.

Ja, der Reisepass ist sofort weggenommen worden. Das erste Mal beim Gestapobesuch wurde der Reisepass weggenommen. Dann sind natürlich Unmengen „Schwarzmäntel-Männer" aufgetaucht. Man hat Reisepässe kaufen können, wenn man Geld gehabt hat, man kaufte Steuerunbedenklichkeit.

Also, wir hatten einen neuen Reisepass. Inzwischen hatten wir einen Visa-Antrag beim amerikanischen Konsulat eingereicht. Man musste da auf eine Liste kommen. Zufällig hat mein Mann eine amerikanische Bekannte, die in Wien verheiratet war, auf der Straße getroffen, und die hat gesagt, sie geht zum amerikanischen Konsulat. Er ist mit ihr gegangen, und nachdem er schon dort war, hat er sich eingeschrieben, und wir waren einer der Ersten, die auf der Liste standen. Meine Schwägerin und mein Schwager haben Verwandte in Amerika gehabt. Die haben uns Affidavits geschrieben. Viele Leute sind ja aufs amerikanische Konsulat gegangen und haben in Telefonbüchern nachgeschaut und haben Namensvettern gesucht. Und diesen wildfremden Leuten haben sie dann geschrieben. Na ja, die Leute haben für Versicherung und Unterhalt garantieren müssen.

Schauen Sie, Amerika hatte ja damals gerade eine schreckliche Depression überwunden und es gab keine Jobs, die Situation war hier sehr schlecht. Roosevelt ist 1933 Präsident geworden. Man hat auch gewusst, dass vielleicht ein Krieg kommt, und die Leute hier wollten absolut keinen Krieg. Die haben gesagt, das geht uns nichts an, das ist in Europa, und die sollen sich ihre eigenen Angelegenheiten regeln. Flüchtlinge waren nicht sehr beliebt hier zu der Zeit. Frau Roosevelt – sobald sie im Weißen Haus war – hat Briefe und Briefe bekommen: Das Land hat eine schreckliche Krise hinter sich, es ist eine riesige Arbeitslosigkeit, und es kommen so viele Flüchtlinge, die nehmen den Amerikanern die Arbeit weg. Und sie hat eine Studie veranlasst und ist dann zu dem Resultat gekommen, dass die Leute nicht nur keine Jobs wegnehmen, sondern Jobmöglichkeiten eröffnen werden.

Wir sind dann am 9. Februar 1939 in Amerika angekommen. Ich habe auf dem Schiff Geburtstag gehabt. Der berühmte Schifahrer Hannes Schneider war am Schiff mit uns.* Das war die „Queen Mary". Und die Besitzer von Altmann & Kühne waren auch auf dem Schiff. Ich erinnere mich an die erste Station unserer Flucht: Paris. Wir haben sehr wenig Geld gehabt, aber wir waren so glücklich, draußen zu sein. Ich bin auf der Champs-Élysées gegangen, und da war ein Hutgeschäft mit einem wunderschönen Hut – der hat ausgeschaut wie von der Heilsarmee. Ich habe den bewundert, und mein Mann hat gesagt: „Komm, kaufen wir den." Wir haben den Hut gekauft. In Paris zu sein, nach all dem in Wien, war unglaublich. Genau so, als ob man von der Hölle ins Paradies kommt. Das Ärgste war der Frühling in Wien. Überall hat der Flieder geblüht, in Schönbrunn, überall.

Als ich nach dem Krieg wieder nach Wien kam, habe ich keine Bitterkeit gefühlt. Aber Wien ist mir nicht gemütlich, es ist mir nicht gemütlich. Mein Mann ist nie mehr nach Wien gefahren. Er wollte absolut nicht. Für ihn ist das erledigt. Er sagt: „Ich gehe niemals zurück, wo ich einmal hinausgeworfen worden bin." Er war sehr wienerisch. Er hat sehr wienerisch gesprochen. Er ist in

---

* Hannes Schneider war einer der ersten österreichischen Schipioniere. Er gründete am Arlberg die österreichische Schischule. Weltweiten Ruhm erlangte Schneider durch seine Schifilme. Als erbitterter Gegner der Nationalsozialisten wurde Hannes Schneider 1938 verhaftet und für sechs Wochen eingesperrt. Er emigrierte in die USA und baute dort in North Conway eines der ersten amerikanischen Schizentren auf. Hannes Schneider starb 1955 in den USA.

der Brigittenau aufgewachsen. Und ich war dann seiner Meinung. Ich habe mir damals eingebildet, man könnte dieses Gefühl ignorieren. Aber in meinen Büchern habe ich dann immer über Wien geschrieben. Ich bin dort hinausgeworfen worden. Wie kann ich zurückgehen in ein Land, das mich nicht will? Und trotzdem ist es mein Geburtsland. Also bin ich 30 Jahre lang nicht nach Österreich gefahren. Ist überhaupt nicht in Frage gekommen, ganz ausgeschlossen. Ich habe ein paar Bücher geschrieben. Das erste hat in Wien gespielt. Und da habe ich zum ersten Mal ein bissl was über österreichische Geschichte gelernt. Es hieß „Menschen in der Bar", und ich war sehr stolz und dachte, ich sei nun Schriftstellerin mit ungefähr fünfzehn Jahren.

Ich war sehr schlecht in der Schule. Ich bin in Mathematik durchgefallen. Ich kenne die Wiener Schulen. Jetzt soll es ja besser sein. Aber für mich war das unmöglich. Ich bin in Turnen und in Mathematik durchgefallen. Das Hietzinger Gymnasium in der Wenzgasse war sehr streng, und da gab es eine Turnlehrerin, eine typische Deutsche mit Zöpfen um den Kopf herum. Aber ich war nicht gut in Athletik. Da habe ich auf eine Leiter hinaufsteigen müssen, und als ich ganz oben war, hat sie gesagt, jetzt muss ich loslassen. Und ich habe nur hinuntergeschaut – es war sehr weit, und der Boden war sehr hart – und ich habe mir gedacht: „Ich bin nicht verrückt, das mache ich nicht." Und die hat geschrien wie am Spieß, ich muss loslassen. Und ich bin ruhig hinuntergeklettert. Da habe ich gesagt, dass ich die Schule nicht weiter besuche, und dann bin ich in eine Mädchenschule auf der Wiedner Hauptstraße gegangen, in die Sprachschule Wieser.

Lange Zeit war eine Rückkehr nach Wien kein Thema. Mein Mann ist nicht gefahren, und ich bin auch nicht gefahren. Ausgeschlossen. Und wir waren sehr entsetzt über die anderen Leute, die nach Wien gefahren sind. „Sie haben keinen Charakter und wie können sie das tun?", haben wir uns geärgert. Und dann, nachdem mein Mann gestorben ist, ist mein erstes Buch „Der nackte Engel", das hier keinen Verlag gefunden hat, von Fritz

Molden gekauft worden, und es ist 1972 in Wien erschienen. Das Buch handelt von einer russischen Prinzessin, die eine berühmte Liebesaffäre mit Fürst Metternich hatte. Ich musste das Buch in den Geschäften sehen. Ich bin in Wien geboren, ich bin in der Schule durchgefallen, die Nazis haben mich hinausgeworfen, und jetzt habe ich einen Roman in Wien. Also, ich musste es sehen.

Ich habe im „Sacher" gewohnt, der Verlag hat das für mich arrangiert. Am ersten Morgen bin ich auf die Kärntner Straße gegangen, da gibt es ein großes Buchgeschäft, und die Auslage war voll mit meinem Buch. Es war ein sehr bekanntes Buch. Und die Leute haben mir gesagt: „Oh, wenn du nach Wien kommst, das wird wie eine fremde Stadt für dich sein." Das war aber natürlich nicht wahr, weil ich dort blind herumgehen kann. Ich kenne jede Straße und jeden Stein. Aber ich würde niemals zurückkommen oder Ferien in Österreich machen. Ich habe das Gefühl, dass die Menschen zwar freundlich sind, aber nicht ehrlich. Wenn sie fragen: „Wann sind Sie von hier weggefahren?" und ich sage: „1939", würden sie sagen, wenn ich mich umdrehe: „Warum ist die Jüdin nicht auch vergast worden?"

Das sind meine Gefühle. Ich erzähle Ihnen etwas zum ersten Mal. Ich war einmal in Wien, weil mein Schwiegersohn gesagt hat, er würde so gerne sehen, wo wir alle hergekommen sind. So bin ich mit meiner Tochter und mit meinem Schwiegersohn nach Wien gefahren. Das war das erste Mal, das letzte Mal bin ich mitten in der Nacht weg, ohne alles, nur mit dem Kind – und es war das erste Mal, dass ich wieder da war. Es ist so, als ob man tot ist und wieder zurückkommt, so ungefähr. Ich habe mir gedacht: „Jetzt mache ich eine Fiakerfahrt." Dann haben wir uns einen Fiaker genommen, und der Fiakermann hat uns alle reden gehört und sagt: „Gnädige Frau, Sie sind aber keine geborene Amerikanerin?" Sage ich: „Woher wissen Sie das?" „Na, Sie haben ja einen Akzent." Sage ich: „Nein, ich bin hier geboren." Sagt er: „Interessant, dann sind Sie ja eine Wienerin! Wann sind Sie denn hier weg?" Sage ich: „1939." Sagt er: „Aha, Hitler! – Wissen Sie, gnädige Frau, jetzt ist ja das alles ganz anders." Sage ich: „Wieso?" „Na ja", sagt er, „wenn ich zum Beispiel sagen würde, der Hitler hat schon recht gehabt, dass er die Juden vergast hat – ich sage es nicht –, aber wenn ich es sagen würde, dann würde ich gleich eingesperrt werden."

Hilde Hlawatsch

# „Wir haben geglaubt, uns wird schon nichts geschehen. So war das!"

## Zur Person

Hilde Hlawatsch wurde 1912 in Wien als Tochter eines Zahnarztes geboren. Durch ihren Vater, der geschäftsführender Direktor des „Wiener Sinfonieorchesters" war, verkehrte Hilde Hlawatsch in Wiener Musikerkreisen. Sie emigrierte mit ihrer Familie 1939 in die USA und kehrte nach dem Krieg als Angehörige der US-Army nach Europa zurück. Hilde Hlawatsch, die in einer Miniatur-Garçonnière in New York lebte, hielt auch in Amerika stets Kontakt zur Wiener Musikszene. Sie war Ehrenmitglied des Vereins „Anton Bruckner" der Wiener Symphoniker. Nach fast sechzig Jahren im Ausland kehrte Hilde Hlawatsch im Alter von 87 Jahren in die Heimat zurück. Sie hatte, zusätzlich zu ihrer amerikanischen Staatsbürgerschaft, auch wieder die österreichische zurückerhalten. Die letzten Jahre ihres Lebens verbrachte sie im Seniorenheim der Aktion „Künstler helfen Künstler" in Baden bei Wien. Obwohl Hilde Hlawatsch nie selbst ausübende Musikerin war, hatte sie seit ihrer Kindheit eine besondere Beziehung zu den Wiener Philharmonikern, die stets im Hause ihres Vaters willkommen waren. Die Philharmoniker dankten diese Zuneigung mit einem jährlichen Geburtstagsständchen auf dem Gang vor ihrem winzigen Appartement in New York. Diesen musikalischen Gruß fand die zierliche Wienerin in New York „sehr süß".

\*

Es ist uns in Wien sehr gut gegangen. Wir haben eine große Wohnung in der Nibelungengasse 8, Ecke Eschenbachgasse, gehabt. Mein Vater war ein Zahnarzt, wohlhabend. Seine eigentliche Berufung war aber die Musik, er fühlte sich als frustrierter Musiker und wurde zum Mitbegründer des Wiener Sinfonieorchesters, aus dem später die Wiener Symphoniker hervorgehen sollten. Wie das passiert ist, wird Sie vielleicht interessieren.

Beim Sinfonieorchester war Hugo Gottesmann Konzertmeister, und er war ein enger Freund des sozialistischen Stadtrates Hugo Breitner. Und die „Vaterländischen" haben von meinem Vater verlangt, man soll Hugo Gottesmann – weil er doch Sozialist und Jude war – hinausschmeißen. Aber er hat einen Vertrag auf Lebenszeit gehabt. Da hat mein Vater gesagt: „Das kann man doch nicht, der hat doch seinen Vertrag. Wieso soll ich den kündigen, der hat ja nichts gemacht" und so weiter.

Und da hat das Nazitum schon vor dem März 1938 angefangen. Es ging ja um den Vertrag mit der RAVAG, ohne den hat das Orchester nicht genügend Geld gehabt.* Mein Vater hatte die Konzession für das Kaffeehaus im Burggarten. So konnte das Orchester dort Konzerte geben. Dort hat am Vormittag die sogenannte „Häuslpartie" gespielt. Man hat Salonmusik gespielt, zum Geldverdienen. Den überlebensnotwendigen Vertrag mit der RAVAG wollten sie damals nur unter der Bedingung verlängern, dass Gottesmann das Orchester verlassen muss. Mein Vater hat sich geweigert. Schließlich hat man dem christlichsozialen Abgeordneten Dr. Hryntschak den Radiovertrag gegeben. Dieser Mann mit besten Kontakten zur Regierung hat einen Vertrag für ein Orchester bekommen, das gar nicht bestanden hat. Das waren eben die Wiener Symphoniker, und da ist der Herr Abgeordnete vor das versammelte Orchester getreten und hat gesagt: „Ich

---

* RAVAG war die Abkürzung für die im Jahr 1924 gegründete „Österreichische Radio-Verkehrs-Aktiengesellschaft", die ab 1. Oktober 1924 den Rundfunkbetrieb in Österreich aufnahm.

habe einen Radiovertrag – ihr habt's keinen. Ihr habt's einen lebenslänglichen Vertrag dort, aber ihr könnt's kündigen, und wir nehmen euch hier auf" – und so sind außer Hugo Gottesmann alle Symphoniker geworden. So sind aus dem Wiener Sinfonieorchester die Symphoniker entstanden. Hugo Gottesmann hat geklagt und ist mit irgendeiner Abfertigung dann viel früher nach Amerika gegangen. Und er sagt immer, das war sein großes Glück.*

Das war 1933. Also, ich war da mit einem Philharmoniker verlobt. Und der war auch von der „Häuslpartie", der ist Philharmoniker geworden – später – durch Protektion. Und da hat er den Einstand machen müssen, und ich erinnere mich, als er das erste Mal in der Oper gespielt hat. Da haben wir uns am Nachmittag im „Café Heinrich" getroffen, und da ist die Zeitung gekommen

---

* Die Geburtsstunde des Orchesters „Wiener Symphoniker" war geprägt vom polarisierten politischen Klima im Austrofaschismus und einem unterschwelligen Antisemitismus. Der Vertragsabschluss zwischen dem Orchester und der RAVAG erfolgte in einer Phase massiver parteipolitischer Instrumentalisierung des Rundfunks durch die Regierung Dollfuß. Unter Umgehung der „roten" Gewerkschaft nutzte die staatliche Rundfunk AG ihre starke Verhandlungsposition, um einen erfolgreichen Abschluss von der Auflösung des Vereins „Wiener Sinfonieorchester" abhängig zu machen und gleichzeitig politisch und rassisch „unzuverlässige Elemente" aus dem Orchester zu entfernen. Hugo Gottesmann war der (jüdische) Konzertmeister des „Wiener Sinfonieorchesters", dessen Naheverhältnis zum sozialistischen Stadtrat Breitner für heftige Diskussionen im Verlauf der Vertragsverhandlungen gesorgt hatte. Nur die Liquidierung des alten Vereins ermöglichte die Streichung der bisher verbürgten Definitivstellen und die Vergabe von Einjahresverträgen. 43 Musiker wurden in das neue Orchester übernommen, weitere 21 bildeten die „Funkkapelle", die ausschließlich Unterhaltungsmusik (in der Diktion von Hilde Hlawatsch ist das wenig respektvoll die „Häuslpartie") spielte. Neuer Präsident wurde der christlichsoziale Abgeordnete Dr. Hryntschak. Die Konstituierung des Vereins „Wiener Symphoniker" hatte den Zweck, „nach außen hin die Neugestaltung des Orchesters zu dokumentieren" und als „Entpolitisierung" zu verkaufen. Unmittelbar nach der Vereinskonstituierung traten die Musiker geschlossen der „Vaterländischen Front" bei.

mit der Schlagzeile „Schuschnigg in Berchtesgaden". Das war es, nicht wahr?

Das „Café Heinrich" war unser Stammbeisl. Dort sind immer die Damen gesessen, wenn sich die Herren – wie mein Vater – bei der „Schlaraffia" vergnügt haben.* Mein Verlobter und ich hätten im Sommer nach Salzburg fahren und heiraten sollen. Ich habe damals schon so ein Gefühl gehabt, es könnte etwas passieren. Ich wollte früher heiraten, weil ich gefürchtet habe, dass es später nicht mehr möglich sein könnte. Ich habe da schon die Rassengesetze in Deutschland gekannt.

Die Familie meines Verlobten waren ganz arme Leute, und es hat ihnen sehr gut gefallen, dass bei uns daheim alles so gut und so schön war. Aber nach einer Reise mit den Philharmonikern ist mein Verlobter zurückgekommen und hat gesagt: „Wir verstehen uns doch nicht so gut." So ist meine Hochzeit geplatzt. Ich habe da so meine Ahnungen gehabt, aber mein Vater hat die Ängste als hysterisch abgetan: Ich sei eine alte Jungfer, ich solle den Teufel nicht an die Wand malen, gar nichts werde geschehen, alles sei in bester Ordnung.

Ich bin heute mit vielen Philharmonikern noch sehr befreundet, weil die alle ziemlich bös waren auf Wien. Es waren ja viele Philharmoniker mit jüdischen Frauen verheiratet. Es hätte sich keiner scheiden lassen.

Mein Vater war Malteserritter und hat für die Kirche gearbeitet, die Sängerknaben unterstützt. Die sind bei ihm alle ein und

---

* „Schlaraffia" ist ein ursprünglich 1859 in Prag gegründeter Künstlerverein. Die „Schlaraffen" treffen sich während der Wintermonate einmal pro Woche und versuchen sich in einem witzig-geistreichen Spiel von Rede und Gegenrede zu unterhalten. „Schlaraffia" ist in Eigendefinition ein geistiges Spiel, das nur dann echt sein kann, wenn es ernst genommen wird. Das Wappentier ist der Uhu. Die „Schlaraffen" wurden 1933 in Deutschland verboten. In der Wortwahl dieser Organisation wird das NS-Verbot als die „uhufinstere Zeit" beschrieben. Heute gibt es weltweit rund 400 „Schlaraffia"-Gruppen mit rund 11.000 Mitgliedern.

aus, die hat er umsonst behandelt. „Wer wird uns etwas tun?"
Dann habe ich zwei „Nazionkel" gehabt. Eine Schwester meines
Vaters war mit einem ehemaligen Offizier verheiratet. Onkel
Mucki, der Baron Arnsdorf. Der war nicht gerade illegaler Nazi,
aber er hatte Verbindungen. Das war unsere Familie. Dadurch
habe ich geglaubt: „Na, mir geschieht nichts!"

Ich kann Ihnen sagen, wie die Tage im März 1938 waren.
Schon während des ganzen Tages wurde im Radio klassische Musik statt des normalen Programms gespielt. Da haben wir gewusst, es geht irgendetwas los. Frau Hofrat Schmitz war bei uns
zum Tee – das weiß ich bis heute. Am späten Nachmittag hat
dann im Radio Bundeskanzler Schuschnigg seine Rede gehalten.
Und im selben Moment sind bereits vor unserem Fenster die
Nazis gelaufen. Das war alles organisiert. Die sind ja zur Ringstraße gegangen, zur Hofburg, zum Heldenplatz. Das war keine
zehn Minuten später. Mein Vater hat die Ordination in der Ro-
tenturmstraße gehabt. Als wir ihn angerufen haben, hat er wie
immer gesagt: „Ihr seid überspannt, das ist ja nicht wahr." Er hat
es absolut nicht glauben wollen.

Zuerst haben wir noch die Wohnung gehabt, dann haben wir
einiges verkauft und einiges verschenkt und eingepackt und auf
das Affidavit gewartet, nicht wahr? Und ich habe versucht, das
gesellschaftliche Leben irgendwie fortzuführen. Weggehen konnte oder wollte man nicht mehr so. Da haben mich eben die Philharmoniker eingeladen. Sie haben bei uns zu Hause Kammermu-
sik gespielt, damit ich sie höre. Und wir haben Freunde gehabt,
die zu uns gestanden sind, etwa die Frau von Baron Pongratz –
der Pauli Pongratz war der Militärkommandant von meinem
Vater im Ersten Weltkrieg. Mein Vater hatte sich als Freiwilliger
gemeldet, und er hat im „Preyer Spital", wenn Ihnen das etwas
sagt, Verwundete versorgt.

Ich habe mich nicht gefürchtet. Nein, persönlich habe ich
keine Angst gehabt. Ich weiß nicht, warum. Ich habe mich eigentlich nicht gefürchtet. Wir haben in unserem Haus alle gekannt.

Und eigentlich – ich müsste lügen – hat mich niemand schief angeschaut. Es hat mir niemand etwas getan. Das ist ja ein Gotteswunder, aber so ist es.

Unsere Wohnung hatte einen Balkon, zum Ring hinaus. Aber ich habe keine Szene gesehen, wo man jemanden geschlagen hätte. Wir haben ja nicht im zweiten Bezirk gewohnt. Wir haben immer nur die ganzen Aufmärsche erlebt. Das ist alles bei uns vorbeigegangen. Ich weiß sogar, die Baronin Pongratz – die war ein bisserl ein Dickerl – ist einmal am Balkon mit uns gestanden. Zu ihr hat irgendeiner etwas Böses raufgeschrien, und dabei war die Baronin doch rein arisch. Das heißt, auch nicht ganz, die hatte auch eine jüdische Großmutter. Da sind sie erst unter den Nazis draufgekommen. Darauf hat sich dann ihr Mann von ihr scheiden lassen – wegen einer jüdischen Großmutter. Können Sie sich das überhaupt vorstellen?

Natürlich hat es ein großes Maß an Gemeinheit und Opportunismus gegeben. Wenn Sie vorhin Antisemitismus gesagt haben: Wir haben doch hier in Amerika so viele Antisemiten. Natürlich, machen Sie sich nichts vor. Diese furchtbaren Prediger hier: Das ist dieselbe Mentalität. Die Menschen suchen jemanden, der sie führt und an den sie glauben können. Der ihnen – weiß Gott was – verspricht. Die Zeiten waren schlecht in Österreich, die haben halt geglaubt: „Na, jetzt wird es uns besser gehen. Es kommt Arbeit, jetzt kommt etwas."

Mein Gefühl damals war Neugier. Ich habe Hitler oft gesehen, weil er ja bei uns beim Fenster vorbei ist. Und da habe ich auch gesehen, wie die Auftritte vorbereitet wurden. Wir haben gewusst, er kommt. Weil man hat vorher die Leute aus den Fabriken mit Bussen hergebracht, und die Kinder haben sie hingeführt, damit da wer steht. Einmal ist mir allerdings die Gänsehaut gekommen. Das war, als Goebbels in Wien gesprochen hat. Das war das erste Mal, dass ich Angst gekriegt habe.

Also, ich muss Ihnen noch eine Anekdote über die sogenannte „Reichskristallnacht" erzählen. Baron Pongratz war Wiener Militärkommandant, und wir haben im selben Haus gewohnt, in der Nibelungengasse. Das hat ihm gehört. Und mit seiner Tochter, die ist ein Jahr jünger als ich, bin ich aufgewachsen. Sie war das einzige Kind, sie ist ins Sacré Coeur gegangen, wir haben oft miteinander gespielt. Der Herr Baron hat dann in der Inflationszeit alles verkaufen müssen, ein Haus nach dem anderen. Nach dem „Anschluss" war überhaupt nichts mehr da. Und „Mädi", seine Tochter – so ihr Spitzname –, hat dann einen Sudetendeutschen geheiratet. Dann waren sie illegale Nazis, weil sie geglaubt haben, sie werden das Haus zurückbekommen, das ein ungarischer Weinhändler gekauft hat. Also, der Fred und die „Mädi" waren plötzlich große Nazis. Eines Tages hat mich die Kinderfrau von „Mädi" angerufen, ich soll rasch zu ihnen kommen, die „Mädi" sei krank. Und ich habe gesagt: „Therese, ich kann nicht, dort sind lauter Nazis." Selbst der Hund hat „Heil Hitler" gemacht und solche Sachen. Na, sie haben gerufen: „Wie macht ein deutscher Hund?" Und da hat er sich auf die Hinterpfoten gesetzt und eine Pfote gehoben.

Also habe ich gesagt: „Alles hat seine Grenzen, lasst mich in Ruhe, ich komme nicht." Aber sie hat mir so lang zugeredet, bis ich hingegangen bin. „Mädi" ist im Bett gelegen, hat gestöhnt und so oft ich gesagt habe: „Ich gehe weg", hat sie gesagt: „Bitte, geh nicht weg. Um Gottes Willen, lass mich nicht allein." So bin ich geblieben bis vor Mitternacht. Und dann ist der Fred nach Hause gekommen und hat gesagt: „Jetzt führe ich dich nach Hause." Das war der 10. November. Die „Reichskristallnacht". Sie hat sich ins Bett gelegt, Theater gespielt, weil sie Angst gehabt hat, es könnte mir etwas passieren. Sehen Sie, dass sind die Sachen, die sich eigentlich viele Menschen nicht vorstellen können. Der „Nazionkel" hat dann die „kleine Jüdin" im Auto nach Hause gebracht. Dadurch war es irgendwie schwierig, weil mein Vater gar nicht geglaubt hat, dass uns da etwas passieren kann. Naiv.

Eines war wichtig: Sie durften keinen persönlichen Feind haben, etwa beim Hauspersonal. Ich meine, ich weiß von vielen, bei denen die Köchin oder das Hausmädel illegale Nazis waren, und dort haben die Leute ausgeräumt, gestohlen, was sie nur kriegen konnten – und umgekehrt. Wir haben ein Stubenmädel gehabt, das war ein paar Jahre bei uns, und an dem Tag, an dem der Justizpalast gebrannt hat, sind meine Mutter und ich im Salon gesessen. Wir haben gestrickt. Auf einmal wird es finster. Mutti hat gesagt: „Sie haben uns das Licht abgedreht", darauf sagt das Stubenmädel: „Nein, das ist ein Generalstreik." Und uns ist nicht eingefallen: „Wieso weiß das Mädel, dass Generalstreik ist?" Und die hat uns gleich gesagt, wir sollen Wasser in die Badewanne einlassen und Lebensmittel kaufen. Das ist uns gar nicht weiter aufgefallen. Das waren ja furchtbare Tage.

Und ein paar Monate, nachdem Hitler gekommen war – wir waren noch in unserer Wohnung –, erscheint sie plötzlich mit einem Kind und sagt, sie sei eine prominente kommunistische Funktionärin, und die Kommunisten wüssten, dass wir sie immer gut behandelt haben. Und bei ihr im Zimmer war alles mögliche kommunistische Propagandamaterial versteckt gewesen, die ganze Zeit. Beim Herrn Kommerzialrat hätte niemand nach kommunistischem Propagandamaterial gesucht. Sie hat uns Hilfe angeboten: Die Partei stehe uns zur Verfügung. Ob wir Pässe brauchen, ob wir irgendwo Einreisepapiere brauchen? Sie hat dann geschaut, dass sie wieder weiterkommt. Sehen Sie, sie war Kommunistin, aber genauso gut hätte sie auch eine illegale Nationalsozialistin sein können.

Wehe, wenn man Feinde gehabt hat. Wenn man irgendjemanden schlecht behandelt oder hinausgeschmissen hat. Die haben nur gewartet. Oder zum Beispiel mein „Nazionkel", der war wirklich illegal. Der war Sudetendeutscher und ein Offizier, der abrüsten musste. Er war dann Buchsachverständiger. Er hatte eine jüdische Frau, ein böhmisches Mädel; die Tante war eine schöne blonde Frau. Kurz und gut, er hat drei Tage gefeiert, als der Hitler gekommen ist. Aber schon bald ist ihm das zuwider geworden. Nein, da tut er nicht mit, so hat er sich das nicht vorgestellt. Und er hat sein Abzeichen zurückgelegt, ist zu seinen Kunden gegangen, hat gesagt, seine Frau ist nicht rein arisch. Wenn man ihn deswegen schief anschauen würde, bräuchten sie mit ihm nicht mehr arbeiten. Er ist dann bald gestorben, und sein Bruder wollte die große Wohnung und alles andere haben. Die verwitwete Frau ist dann nach Theresienstadt gekommen.

Nach dem März 1938 bis zur Flucht hatten wir schon eine sehr scheußliche Zeit. Man ist nirgends mehr hingegangen, und das war alles privat. Wir waren ja noch lange in unserer Wohnung. Da waren immer Leute da, jeden Abend. Und jeder hat da gesagt, wohin er ausreisen wird. Mein Vater hat sehr viele Leute rausgekriegt. Er war auch Zahnarzt für die chinesische Botschaft. Die haben ihm so viele chinesische Visa gegeben, wie er wollte. Und wenn jemand ein Visum gehabt hat, um auszureisen, dann haben sie ihn am Anfang herausgelassen. Mit der Bedingung, dass sie innerhalb von drei Tagen auswandern. Wir haben auch das Visum gehabt, um uns den Pass zu verschaffen. Bloß haben wir keine Absicht gehabt, nach China zu fahren.

Nur ich habe furchtbar angetrieben, dass wir rauskommen. Da bin ich zum amerikanischen Konsulat gegangen und habe unterschrieben. Gleich nach dem Einmarsch. Und ich habe auch für meine Eltern unterschrieben, weil ich mir gedacht habe: „Schaden kann's nicht." Mein Vater hat gesagt, er geht nicht weg. Wir sind erst im September 39 weg – der Krieg ist schon ausgebrochen, da waren wir noch in Wien.

Na ja, mein Vater hat nicht wollen, und ich habe das Affidavit bekommen. Meine Mutter wollte nach Australien, und ich wollte nach Amerika. Und da war ein amerikanischer Konsul, der hat Codanummern verkauft – auch nicht sehr vornehm. Und dadurch sind sehr viele Leute hängen geblieben, weil sie auf die Coda warten mussten. Und ich habe sie früher bekommen als meine Eltern. Ich wollte weg, ich war sicher, es wird ein Krieg ausbrechen. Ich bin noch jung, mir wird etwas geschehen. Der Vater hat allerdings Nein gesagt: „Wir gehen zusammen, du bist ja überspannt." Dann ist der Krieg ausgebrochen, und wir sind in der Falle gesessen. Dabei haben wir Fahrkarten gehabt. Wir wollten nach Seattle.

Wir haben zwar Verwandte in New York gehabt, eine Tante, die sagte: „Bitte geht's nicht nach New York, nur weit weg von der Familie." Sie hat es auch gut gemeint. „In Seattle ist das Klima gut, und da sind nicht so viele Leute wie in New York."

Wir sind dann dennoch hier in New York gelandet. Ich habe als Kindermädel angefangen. Wir haben in Wien ein großes Haus geführt, da waren auch Amerikaner zu Gast. Als wir in New York angekommen sind, haben wir die im Telefonbuch gesucht, aber nicht gefunden. Später hat sich herausgestellt, dass er geschieden und mit seiner Freundin in Wien war. Bei uns haben sie sich unter falschem Namen gut unterhalten. Aber wir haben über alte Weihnachtskarten die Adresse herausgefunden und sie kontaktiert: „Ihr seid in New York und sagt uns nichts?" Die Amerikaner waren die Eigentümer von Pirken & Lo, damals eine ganz große Schiffsgesellschaft. Als wir nach New York gekommen sind, war er schon mit der Freundin verheiratet, hat auf der Park Avenue gewohnt, nobel!

Sie haben uns eingeladen, ein Auto geschickt und so weiter. Und ich habe angeboten, bei ihnen als Kindermädel zu arbeiten, mehr konnte ich ja nicht. Er hat gesagt: „Das macht nichts. In Amerika kannst du machen, was du willst. Wenn du jemals einen Job brauchst, lass es mich wissen."

Im Sommer sind sie dann aufs Land gefahren, sie haben mir angeboten, mitzukommen und mich ums Kind zu kümmern. Während das Kind geschlafen hat, haben wir Geigensonaten gespielt und so weiter. Das waren sehr feine Leute.

Und irgendwann hat er gesagt: „Geh zum Irving Place Nummer 4 in den 16. Stock." Er hat mich einem netten Herrn vorgestellt: „Wie ist ihr Englisch? Glaubst du, die kann da arbeiten?" – „Willst du bei uns arbeiten?" – „Was heißt bei uns, ich weiß ja gar nicht, wo ich bin?"

128

Das war die Con Edison Company, das große Elektrizitäts-Ding. Und da habe ich dann dort gearbeitet. Von 1940 bis 1945. Zuerst war ich im Typing Pool und dann bei den Billing-Maschinen, und am Schluss war ich Sekretärin für den Vice President. Das hat mich nicht sehr interessiert, da war mir fad. Aber ich habe sehr viel gelernt, natürlich. Und ich habe eine Freundin gehabt, die hat für das Office of War Information gearbeitet.* Eines Tages sagt sie mir: „Ich gehe jetzt nach Europa mit der Besatzung." Der Japankrieg war noch nicht beendet, aber in Deutschland war der Krieg schon aus. Man hat Leute gesucht, die weder Nazis noch Kommunisten sind, die die Sprache können, die intelligent genug sind und so weiter. Sie fragt: „Warum fährst du nicht?", habe ich gesagt: „Das kann ich nicht. Ich kann die Eltern nicht allein lassen" oder so ähnlich. Im Endeffekt war ich dann drei Jahre in Europa.

Erst war ich in Esslingen – unsere Aufgabe war die Kontrolle und Zensur von Telefongesprächen. Und dann war ich in Heidelberg, aber eigentlich wollte ich nach Wien. Aber wir ehemaligen Österreicher haben nicht dürfen. Wir waren ja beim Geheimdienst. Die Amerikaner haben befürchtet, man könnte in der früheren Heimat Freunde haben und wäre dadurch beeinflussbar. Aber irgendwann wurde die Zensur beendet, und dann bin ich nach Wien, auf Urlaub. Dort haben sie mich nicht weggelassen, weil sie gesagt haben, sie brauchen mich als Einkaufsoffizier. Weil ich mich da ausgekannt habe. Da könnte ich auch ein Buch schreiben.

Na, was? Die Russen waren doch da, nicht? Und wenn man durch die Russenzone gefahren ist, hat man viele Kopien von den Orders gebraucht. Mich haben sie einmal in die Druckerei ge-

---

* Das United States Office of War Information (OWI) wurde 1942 als Regierungsbehörde zur Verbreitung von Kriegsinformation und Propaganda gegründet. Neben zahlreichen Rundfunksendungen produzierte das OWI mehr als 260 Filme und gründete den Rundfunksender „Voice of America".

schickt, wo man das Geld druckt. Ich sollte Papier mit Wasserzeichen organisieren. Ich habe alle glauben lassen, dass ich kein Wort Deutsch kann, ich war ja in amerikanischer Uniform. Also habe ich gesagt, ich brauche das. Der Hofrat hat gemeint, er braucht dafür zwei Wochen. Habe ich gesagt: „Was heißt, zwei Wochen? – Herr Hofrat, jetzt reden wir deutsch, wir brauchen das gleich." Na, der ist fast vom Sessel gefallen. Zwei Tage später habe ich alles gehabt. Meine Vorgesetzten haben sich gewundert: „Wie machst du das?" – „Na ja, sehr einfach, wenn man mit den Leuten reden kann. Wir zahlen doch mit Dollar, seid nicht so hopadatschert."

Na ja, damals habe ich nicht daran gedacht, in Wien zu bleiben. 1947 war es ja furchtbar in Wien. Die Mutti war noch in New York, sie hat mir Pakete geschickt, die ich ausgeteilt habe. In Wien haben sie ja nichts gehabt. Das war doch ein Elend. Der Kammersänger Franz Völker hat mich gefragt, ob ich ihm Strümpfe geben kann. Es war furchtbar irgendwie! Ich habe sehr viel tun können, weil ich eben einen Militärposten gehabt habe. Aber da habe ich natürlich überhaupt nicht daran gedacht, nach Wien zurückzugehen.

Was ist Heimat für mich? Österreich? Wien? New York? Das ist eine schwere Frage. Als ich zehn Jahre lang nicht nach Wien konnte, als ich in New York lebte, habe ich wirklich Heimweh gehabt. Das erste Mal nach dem Krieg, als ich nach Wien gekommen bin, da war ich in Uniform. Ich bin mit dem „Mozart-Express" angekommen, und ich habe mich fremd gefühlt. Aber natürlich bin ich Wienerin, das ist meine Kultur, meine Sprache. Mein Großvater hat noch unter Feldmarschall Radetzky gedient. Ich meine, wir sind richtige Österreicher. Und wenn ich hier nur amerikanische Freunde hätte, dann würde ich wahrscheinlich nach Wien gehen. Aber ich habe hier einen so schönen österreichischen Kreis, viel schöner, als ich ihn in Wien haben könnte, eigentlich. Es gibt keine Veranstaltung, wo ich nicht dabei bin. Können Sie das verstehen?

Fritz Kaufmann

# „Warum sollen gerade die Österreicher keine Antisemiten sein?"

## Zur Person

Fritz Kaufmann wurde am 16. August 1896 in Wien geboren. Sein Vater war Rechtsanwalt, maturierte in der Theresianischen Akademie. Seit 1923 arbeitete Fritz Kaufmann als Journalist. Er war verantwortlicher Redakteur im „Kronos-Verlag", der unter anderem auch „Die Stunde" herausgegeben hat. Kaufmann ging nach Berlin, gründete eigene Wirtschaftsblätter und musste schließlich flüchten.

*

Ich bin im Jahr 1936 auf die, wie ich glaube, gute Idee gekommen, eine „Salzburger Illustrierte" für die Festspiele herauszubringen. Ich habe mein Projekt dem „Vorwärts-Verlag" angeboten, und wir haben eine Fifty-fifty-Gesellschaft gegründet, die dann diese Zeitung herausgegeben hat. Der „Vorwärts-Verlag" war damals schon eine Art Regierungsverlag, weil ja die Regierung Dollfuß diesen Verlag den Sozialisten weggenommen hat.

Die „Salzburger Illustrierte" war jedenfalls im Sommer 1936 ein großer Erfolg. Natürlich noch kein materieller Erfolg, aber es war sicher, dass man bereits im nächsten Jahr auch Geld würde verdienen können. Wir hatten schon Vorbestellungen, vor allem Inseratenvorbestellungen. Die Zeitung war wirklich wunderschön, den Illustrierten der Zeit weit voraus – die Einbände, die Umschläge, Fotomontagen vom berühmten Gebrauchsgrafiker Joseph Binder. Das ist der, der den Mohr vom „Meinl" gezeich-

131

net hat. Die „Salzburger Illustrierte" war dreisprachig, hat großartige Beiträge gehabt – von Stefan Zweig – Originalbeiträge! Es war wunderbar, wirklich, die Zeitung war ein Riesenerfolg.

Im Herbst haben sie bereits gesagt, sie müssen den Vertrag brechen. Das hat mit Schuschnigg weniger zu tun gehabt als mit dem Direktor des Verlags, Hofrat Edmund Weber. Er war der Direktor der offiziellen Telegrafenagentur. Damals war Hofrat Weber eine mächtige Persönlichkeit im österreichischen Journalismus. Also, die haben erklärt, sie können den Vertrag nicht einhalten. Sie haben nie gesagt, weil ich ein Jude bin, aber so war es.

Wir hatten einen Schiedsvertrag, und dadurch mussten sie mir 5000 Schilling zahlen. 5000 Schilling damals, das war natürlich sehr viel Geld. Aber ich war arbeitslos. Im Herbst 1936 konnte ich absolut keine Arbeit finden. Sie müssen wissen, dass ich seit 1920 im Journalismus tätig war. Das war mein Beruf, Journalist! Ich habe bei verschiedenen Zeitungen gearbeitet. Bis 1927 war ich beim „Kronos-Verlag" angestellt. Der ist dann nach 1927 zusammengekracht, und ich bin nach Berlin und habe dort gute Erfolge gehabt. Ich konnte für einige Zeitungen arbeiten, etwa für „Tempo", „Montag-Morgen" oder das „12 Uhr Blatt". Hintereinander, nicht immer gleichzeitig. Ich habe auch eine eigene Zeitschrift herausgegeben, die hat „Der Erfolg" geheißen. Das war eine sogenannte Efficiency-Zeitschrift. Wir haben Informationen zur Verbesserung der Geschäftsmethoden gedruckt. Als die Nazis in Berlin die Macht übernommen haben, konnte ich das Blatt gut verkaufen, nur durfte man das Geld nicht außer Landes bringen.

1933 wollte ich weg! Alle haben mir gesagt, ich soll bleiben. Aber nach Hitlers Machtergreifung war es mir in Berlin zu ungemütlich. Wir sind nach Wien zurück, aber dort konnte ich keine journalistische Anstellung bekommen. Ich habe aber eine Anstellung in der Fremdenverkehrswerbung der Versicherungsanstalt „Phönix" bekommen. Die „Phönix" war die größte Versicherungsanstalt Österreichs, und der damalige Generaldirektor hat erkannt, dass sich Österreich nur halten kann, wenn viele Touristen aus dem Westen kommen. Daher war die Förderung des Fremdenverkehrs außerordentlich wichtig. Und da ich ja perfekt Englisch und Französisch gesprochen habe und die Tourismus-Aussendungen in diesen Sprachen machen konnte, haben sie mich engagiert – zu sehr schlechten Bedingungen.

Das war zwar nicht mehr die gute Zeit, es war schon eine sehr schwere Zeit – wirtschaftlich, meine ich. Leider Gottes ist die „Phönix" schon 1936 pleitegegangen Ich konnte absolut keine neue Anstellung finden, was nicht unbedingt auf – wie sagt man – meinen „Geburtsfehler" zurückzuführen war, sondern es waren ganz schreckliche Zeiten. Man hat schon gesehen, dass es so nicht weitergehen kann. Und zum ersten Mal in meinem ganzen Leben habe ich für sechs Wochen Arbeitslosenunterstützung bezogen. Jeden Tag bin ich herumgegangen, und jeden Tag bin ich nach Hause gekommen – meine Frau hat gefragt: „Hast du etwas gefunden?" Und immer habe ich sagen müssen: „Ich habe nichts gefunden!" Ich hatte eine Familie mit zwei Kindern, das war keine Kleinigkeit. Ich war eine Zeit lang, jedenfalls vor 1927, vielleicht der bestbezahlte Journalist in Wien.

Eines Tages bin ich nach Hause gekommen, ich hatte zwar keinen Job, aber eine Idee. Die österreichischen Zeitungen haben überhaupt nichts von der Weltwirtschaft gebracht. Mein wirklicher Beruf ist Economist. Und ich habe mir gesagt, es muss doch in Österreich mindestens 100 Leute geben, die an weltwirtschaftlichen Nachrichten interessiert sind. So habe ich eine Korrespondenz herausgegeben, die sich „Weltwirtschaftsdienst" genannt hat. Ich habe tatsächlich ohne Geld angefangen – wir haben mit einer ausgeborgten Gstettner-Maschine in unserer Wohnung Kopien gezogen. Meine Kinder haben uns geholfen, abzuziehen und zu kuvertieren, und meine Frau hat als Sekretärin fungiert. Niemand hat geglaubt, dass das ein Familienbetrieb ist. Meine Informationen hatte ich aus einem Abonnement von der „Französischen Information", der „Herald Tribune" aus Paris und einem Radio, das mir mein Onkel, der in einem Radiogeschäft gearbeitet hat, gegeben hat und mit dem ich „Radio Luxemburg" hören konnte. Also, mit primitivsten Mitteln habe ich einen Bericht hergestellt, der sehr eingeschlagen hat. Ich hatte in wenigen Monaten über 80 Abonnenten. Das waren bereits genügend, um davon leben zu können. Nicht großartig, aber ich hätte ja noch weitere bekommen, vielleicht.

Also, Sie können sich nicht vorstellen, welche Schwierigkeiten mir der Hofrat Weber gemacht hat. Die haben nämlich selber zwei Mal in der Woche einen Bericht von „Reuters" herausgebracht. Der ist nicht gegangen, weil man Wirtschaftsberichte – wenn man etwas von einer Börse versteht – täglich machen muss. Wir haben also Berichte von den Weltbörsen gehabt. Ich habe jeden Tag einen Leitartikel über das wichtigste Problem des Tages geschrieben. Unser Blatt war ein Erfolg. Der Hofrat Weber war wütend über die Konkurrenz. Aber statt dass er seinen Leuten gesagt hat: „Macht es selber so", hat er gesagt: „Dem werden wir das Handwerk legen." Und so war es.

Sie haben mir eine Schwierigkeit nach der anderen gemacht, bis ich gesagt habe: „Jetzt habe ich genug!" So bin ich zu Silvester – weil am 1. Jänner brauchte keine Nummer zu erscheinen – nach Prag übersiedelt und habe dort ab dem 2. Jänner den „Weltwirtschaftsdienst" weiter herausgegeben und das Blatt nach Wien zu den Abonnenten befördert. In Prag haben sie mich mit offenen Armen empfangen – die Behörden auch. Ich habe jede Hilfe erhalten, ich hatte die Möglichkeit, ein billiges Büro zu bekommen. Also, es ist alles wunderbar gegangen. Ich habe alle Wiener Kunden behalten. Um zehn Uhr abends musste der Bericht am Bahnhof in Prag angeliefert werden, damit er in der Früh um sieben Uhr in Wien ankam. Dort habe ich ihn dann durch Radler meinen Kunden zugestellt. Es hat eine Gesellschaft „Die roten Radler" gegeben, und die habe ich engagiert. Das hat wunderbar funktioniert. Dagegen konnten die in Wien natürlich gar nichts machen. Außerdem habe ich von meinen Wiener Kunden Empfehlungen an große Banken in Prag bekommen und so weiter. Ich habe dort bald mehr Abonnenten als in Wien gehabt. Das war also alles erstklassig.

Als die Nazis nach Wien gekommen sind, habe ich einen Blick auf die Landkarte geworfen und gesehen, dass die Tschechoslowakei von drei Seiten eingeschlossen wird. Das wird sich nicht halten, nicht einmal einen Tag. Obwohl meine Prager Freunde gesagt haben: „Du bist verrückt, du bist ein Pessimist!"

Meine Frau ist ja leider in Wien geblieben. Sie hat mich in Prag öfter besucht. Und so war sie auch an dem berühmten Weekend da, an dem Freitag, an dem Hitler einmarschiert ist. Und da haben wir am Abend nach Wien zu meinen Schwiegereltern telefoniert, bei denen die Kinder waren, sie sollen sofort die Kinder nach Prag schicken, und wir bleiben hier. Die Leni wollte nicht. Erstens wollte sie ihre alten Eltern nicht alleinlassen, zweitens war sie nicht sicher, ob die Kinder über die Grenze kommen. Sie ist am Samstag, am selben Tag, an dem Hitler in Wien einmarschiert ist, von Prag nach Wien gefahren. Und dann konnte sie natürlich nicht mehr weg. Sie konnte erst im Oktober Wien verlassen. So lange hat es gedauert, bis ich ein Visum für sie bekommen habe.

Es ist ihr Gott sei Dank nichts passiert. Sie schaut sehr unjüdisch aus, und kein Mensch ist je auf die Idee gekommen, dass sie eine Jüdin sein könnte. Sie ist auf der Straße gegangen, ungeniert und ungehindert. Nein, im Gegenteil, sie hat sogar einmal ein Job-offer für eine nationalsozialistische Sache erhalten. Darauf hat sie gesagt: „Leider, ich kann das nicht annehmen, ich habe einen ‚Geburtsfehler'!"

Ich bin am 7. Mai 1938 nach Paris ausgewandert. Ich habe meinen „Weltwirtschaftsdienst" für 5000 Schweizer Franken – was ein sehr großer Betrag war – an einen Prager verkauft, der nicht geglaubt hat, dass es schon in einem Jahr vorbei sein wird. In Paris habe ich meine Berichte weiter verfasst und in der

Schweiz Kunden gesucht und gefunden! Ich habe 40 Kunden in Zürich gehabt, darunter zwei der größten Banken. Und das ist gegangen bis zum Herbst 39, als der Krieg ausgebrochen ist. Da wurde ich gleich von den Franzosen als „feindlicher Ausländer" verhaftet. Nicht kurz, ich war sechs Monate im Gefängnis. Aber dann bin ich auf Intervention des französischen Außenministeriums, wo ich als Journalist akkreditiert war, freigelassen worden. Dafür bin ich dann zur französischen Armee eingezogen worden. Nein, nein, keineswegs freiwillig! Ich bin als Arbeitssoldat ohne Waffe eingezogen und dann Kommandant dieser Kompanie geworden.

Ich habe zwar keine Kampfhandlung miterlebt, aber ich habe erlebt, dass unsere Kompanie über die Loire geflüchtet ist, als bereits die Nazis ganz nahe waren, und dort habe ich meinen österreichischen Ausweis zerrissen – das wäre sehr gefährlich gewesen, hätten mich die Deutschen gefangen genommen.

Schließlich bin ich als Gefährdeter nach Amerika gekommen – wunderbar! Das Einzige, was Roosevelt durchsetzen konnte, waren Visa für tausende gefährdete Personen. Der amerikanische Kongress war ja sehr fremdenfeindlich, auch damals. Ich bin auf diese Liste gekommen, und so konnte ich als Gefährdeter im Februar 1942 nach Amerika kommen. Amerika war da schon im Krieg. Wir sind am Tag nach Pearl Harbor von Marseille weg.* Ich hatte schon das amerikanische Visum und die notwendigen spanischen und portugiesischen Durchreisevisa. Ich habe nur auf 200 Dollar gewartet. Es hat nämlich geheißen, wenn wir mit einem amerikanischen Visum fahren, dann gibt es in der Nationalbank gegen französische Franken 50 Dollar pro Person, echte Dollar zum offiziellen Kurs. Also, darauf habe ich gewartet.

---

\* Mit dem Angriff der japanischen Luftwaffe auf den amerikanischen Pazifik-Flotten-Stützpunkt der Amerikaner in Pearl Harbor traten die USA am 7. Dezember 1941 in den Krieg ein. Der Überraschungsangriff der Japaner, der einen Großteil der US-Pazifikflotte zerstörte, markiert einen Wendepunkt im Zweiten Weltkrieg.

Wahrscheinlich würde ich heute noch darauf warten, denn die Bank hat mich von einem Tag auf den anderen vertröstet. In der Zeitung lese ich eines Tages „Pearl Harbor", und ich sage zu meiner Frau: „Weg!", denn ich habe befürchtet, dass die Amerikaner, wenn sie im Krieg sind, unsere Visa sperren werden, und ich wollte doch wenigstens bis nach Portugal kommen. Die Amerikaner haben unsere Visa nicht gesperrt.

Mein beruflicher Einstieg in Amerika war überraschend einfach. So etwas Leichtes, das können Sie sich gar nicht vorstellen! Ich habe am ersten Tag, an dem ich angekommen bin, ein Interview gehabt und 25 Dollar gekriegt. Ich habe in New York auf der Straße Franz Horch getroffen, das war der Assistent von Max Reinhardt, der hier ein Theateragent war und gesagt hat: „Schicken Sie mir etwas, ich werde es unterbringen!"* Ich habe innerhalb von acht Tagen bereits 100 Dollar an einem kleinen Artikel verdient. Es ist mir ganz gut gegangen. Nach sechs Monaten habe ich einen wunderbaren Job bekommen. Ich muss sagen, ich bin herrlich behandelt worden.

Im Jahr 1947 bin ich zum ersten Mal nach Europa zurück. Aber ganz privat, weil erstens meine Tochter in London geheiratet hat und ich sie dorthin begleitet habe, und zweitens wollte ich das Grab meines Sohnes besuchen, der leider im Krieg als amerikanischer Soldat gefallen ist.

Und als ich nach Amerika zurückgekommen bin, sage ich zu meiner Tochter: „Hör zu, es war wunderbar in Europa. Nächstes Jahr möchte ich wieder hin, aber ich muss das anders machen." Ich habe schon große Mühe gehabt, für Lisl, meine Tochter, und für mich die Fahrt hin und zurück zu bezahlen. Denn es ist mir zwar gut gegangen, aber nicht so, dass ich Europareisen finan-

---

\* Max Reinhardt (1873–1943), Schauspieler, Regisseur, Theaterleiter und Mitbegründer und Leiter der Salzburger Festspiele. Reinhardt inszenierte ab 1920 den „Jedermann" in Salzburg. Er gilt als Begründer des modernen Regietheaters. Er starb im New Yorker Exil.

zieren konnte. Sagt die Lisl: „In dem Fall musst du eine Idee haben!", sage ich: „Ich habe schon eine." Fragt sie: „Was?" Ich muss nämlich sagen, ich bin gar nicht so gescheit, aber ich habe immer Ideen gehabt, und davon habe ich gelebt. Ich habe der Universität hier einen Plan vorgelegt, ein Reiseseminar zu veranstalten und eine Untersuchung über die Erfolge des Marshall-Plans zu machen: „The Marshall-Plan in action!"* Was soll ich Ihnen sagen! Es war der größte Erfolg meines Lebens.

Ich habe eigentlich nie daran gedacht, für immer nach Österreich zurückzukehren. Nein! Ich wollte immer weg! Immer! Wien war mir zu klein – zu provinziell! Darum wollte ich ja nach Berlin gehen. Ich bin zwar im Jahr 1919, kaum vom Krieg zurück, nach Berlin gegangen, um dort eine Stellung zu suchen. Ich habe nur nichts gekriegt. Ich wollte nicht in Wien bleiben! Und darum wollte ich auch nicht zurückgehen. Allerdings – ich habe Wien sehr gern, und meine Frau ist eine ganz fanatische Wienerin. Sie müssen bedenken, unsere Familien sind uralte Wiener. Mein Vater war Rechtsanwalt, ist erzogen worden im Theresianum auf der Wieden. Ich selbst bin ins Französisch-Gymnasium gegangen. Mein Großvater war Ehrenbürger von Wien. Mein Vater war Oberleutnant der Reserve.

Ich habe keine Heimat, aber das Nächste, was ich als Heimat bezeichnen würde, wäre Österreich. Nicht gerade Wien, eher Filzmoos. Dort machen wir seit Jahren Urlaub, eigentlich ist es mehr als Holiday, es ist eigentlich die Rückkehr in die Heimat. Wir sind dort jetzt schon so ein Teil des Ortes, wir sind schon

---

* Der Marshall-Plan unterstützte maßgeblich den Wiederaufbau (West-)Europas nach 1945. Das Wirtschaftsprogramm wurde vom amerikanischen Außenminister George C. Marshall konzipiert. Es sah massive Geld- und Sachinvestitionen in die zerstörte europäische Infrastruktur und Wirtschaft vor. Österreich profitierte vom Marshall-Plan und den Geldern des ERP-Fonds (European Recovery Programm) überdurchschnittlich. Noch heute werden aus den Rückflüssen in den ERP-Fonds wirtschaftliche Innovationen gefördert.

Figuren dort, das ist tatsächlich so, also das ist eigentlich meine Heimat.

Schauen Sie, wie ich Ihnen gesagt habe: Ich war kein österreichischer Patriot, ich war nicht so verwurzelt mit Österreich, daher habe ich mich nicht so entwurzelt gefühlt. Und außerdem haben mich ja nicht die Nazis hinausgeschmissen. Ich bin in der Beziehung nicht sehr typisch. Am ehesten kann ich mir noch vorstellen, dass, wenn ich jemals in ein Altersheim ginge – obwohl dieser Gedanke furchtbar ist, und ich möchte lieber ohne Altersheim sterben –, ich wahrscheinlich nach Österreich in ein Altersheim gehen würde, vor allem, weil sie viel besser sind als hier. Hier sind sie ja schrecklich. Das kann ich mir noch irgendwie vorstellen – obwohl ich mir nicht vorstellen kann, in ein Altersheim zu gehen.

Ich werde von vielen meiner hiesigen jüdischen Freunde schief angesehen, weil ich mich nicht einmal durch die Waldheim-Affäre abhalten lasse, nach Österreich zu kommen. Die Österreicher sind Antisemiten, aber alle sind Antisemiten, also warum sollen gerade die Österreicher keine sein? Ich fühle keine Bitterkeit. Und ich persönlich habe nie darunter gelitten.

Hans Kaunitz

# „Ich war sehr verliebt in Wien."

## Zur Person

Dr. Hans Kaunitz studierte in Wien Medizin und arbeitete als Pathologe an der 1. Medizinischen Klinik am AKH. Nach dem März 1938 konnte der Mediziner auf die Philippinen flüchten. Zwischen 1938 und 1941 fanden rund 180 Österreicherinnen und Österreicher Zuflucht auf dem tropischen Archipel. Einige andere bedeutende Wiener Mediziner und namhafte Forscher, wie der Pädiater Eugen Stransky, Robert Willheim, ehemaliger Professor für medizinische Chemie an der Universität Wien, der Urologe Alfred Zinner folgten wie Kaunitz einer Berufung an die University of the Philippines.

1940 kam Kaunitz nach New York, wo er an der renommierten Columbia University einen Lehrauftrag erhielt. Kaunitz verfasste etwa 300 wissenschaftliche Publikationen.

\*

Ich stamme aus einer alten Arztfamilie. Schon mein Großvater war Arzt, seine beiden Söhne ebenfalls. Mein Onkel war auch Pathologe. Er hat 1914 in Sarajevo den ermordeten Thronfolger Franz Ferdinand obduziert. Es gab ja damals keine Kühlung, daher mussten die Leichen rasch geöffnet werden, ehe die Verwesung eingesetzt hat. Mein Onkel hat als junger Stabsarzt in Sarajevo Dienst gemacht und wurde angerufen, er möge den Thronfolger obduzieren. Vom Hofe hat er damals Dank und Anerkennung bekommen.

Ich selbst bin 1930 zum Arzt promoviert worden und auf Empfehlung von Otto von Fürth an die 1. Medizinische Klinik gekommen, wo ich unterrichten durfte. Allerdings hat man uns schon in den ersten Tagen nach dem 12. März 1938 von der Klinik entlassen.

Die Nazis haben gar keine Listen gebraucht, man hat schließlich gewusst, wer ein Jude ist und wer nicht. Für die Wiener Medizinische Schule war das ein schwerer Aderlass. Die meisten jüdischen Ärzte sind dann nach Amerika gekommen. Für Wien war das ein beträchtlicher Verlust.

Ich war von den Ereignissen überhaupt nicht überrascht. Mir war klar, dass das so kommen würde. Die Nationalsozialisten waren ja schon seit fünf Jahren in Deutschland. Das musste auch zu uns kommen.

Natürlich hat es schon vor 1938 in Wien Antisemitismus gegeben. Man hat uns jüdische Professoren einfach schlechter behandelt. Es gab eine Menge Organisationen, die uns nicht aufgenommen haben. Manchmal wurden Juden auch beschimpft, obwohl an der Universität selbst viele Juden gelehrt haben. Aber die Studenten waren zum großen Teil antisemitisch eingestellt.

Das war jedoch kein neues Phänomen. Antisemitismus gibt es ja schon seit tausenden Jahren. Aber so scheußlich wie unter den Nazis war es nirgendwo. Sechs Millionen Juden wurden umgebracht.

Ich verstehe eigentlich den Antisemitismus nicht. Ich, zum Beispiel, war nie religiös. In eine Synagoge bin ich nur bei Hochzeiten gekommen. Die Vertreibung hatte auch gar nichts mit Religion zu tun, sondern nur mit der „Rasse". Dabei sind wir alle, meine ganze Familie, Österreicher, so weit wir zurückdenken können. Für mich ist Wien noch immer Heimat. Ich fühle mich als Wiener, das ist meine geliebte Heimatstadt. Bitterkeit fühle ich eigentlich keine. Das war die Zeit. Das war die Geschichte. Es hat ja schließlich alle betroffen.

An eine Rückkehr habe ich nach dem Krieg nicht gedacht, um ehrlich zu sein. Ich habe mich in New York gut eingelebt und ganz ordentlich verdient. Ich hatte ja schon an der Columbia University eine sehr gute Stelle und war mit einer amerikanischen Frau verheiratet. In Wien hätte ich keinen Job gehabt. Außerdem: Niemand hat gesagt: „Kommen Sie zurück." Niemand hat sich entschuldigt, dass ich entlassen wurde. Niemand hat mich gerufen.

1947 habe ich das erste Mal nach dem Krieg Wien besucht und einen medizinischen Vortrag gehalten. Die Stadt war noch immer ziemlich zerstört. Aber ich war sehr verliebt in Wien. Wien ist nämlich eine sehr schöne Stadt. Wir hatten es doch kulturell so gut, die Oper, die Museen, die schönen Gebäude. Und ich hatte in Wien sehr viele liebe Freunde – alle tot. In Wien habe ich niemanden mehr.

Es gibt eine direkte Verbindung zwischen dem Fürsten Kaunitz und meiner Familie. Der Ministerpräsident zu Zeiten Maria Theresias kam aus einem kleinen südmährischen Ort namens Kaunitz. Kaiser Joseph II. und Kaunitz haben damals den Juden die Staatsbürgerschaft zuerkannt. Allerdings unter der Bedingung, dass Juden einen Familiennamen annehmen. Und viele haben eben den Namen ihres Wohnortes gewählt. Darum gibt es so viele Juden, die „Wiener", „Berliner" oder „Frankfurter" heißen.

Fürst Kaunitz hat erlaubt, dass die paar jüdischen Familien aus seinem Heimatort den Namen Kaunitz annehmen dürfen. So bin ich zu diesem Familiennamen gekommen.

Franz Leichter

# „Man wollte die alten Sozialisten nicht mehr haben."

## Zur Person

Franz Leichter wurde 1930 in Wien in eine hochpolitische Familie hineingeboren. Sein Vater Otto Leichter war Mitbegründer des „Verbandes der sozialdemokratischen Studenten und Akademiker" und von 1925 bis 1934 Redakteur der „Arbeiter-Zeitung". Seine Mutter Käthe Leichter (mit Mädchennamen Käthe Pick) war eine wichtige Aktivistin und Funktionärin der österreichischen Sozialdemokratie. Die engagierte Kriegsgegnerin arbeitete nach dem Zusammenbruch der Monarchie als Mitarbeiterin des sozialdemokratischen Führers Otto Bauer, schrieb in diversen sozialistischen Zeitschriften und wirkte als Konsulentin von Finanzminister Joseph Alois Schumpeter. In Wien war Käthe Leichter gemeinsam mit ihrem Mann Otto Leichter bis 1938 eine wichtige Persönlichkeit im illegalen Apparat der „Revolutionären Sozialisten Österreichs" und seit 1937 auch Leiterin des „Informationsdienstes der Revolutionären Sozialisten Österreichs", daneben Mitarbeiterin der Zeitschrift „Kampf" in Brünn unter den Pseudonymen und Decknamen Maria, Maria Mahler und Anna Gärtner.

Das Ehepaar Leichter hatte zwei Söhne, Heinrich und Franz. Beide sollten später in New York eine Karriere als Rechtsanwälte beginnen. Während es Otto Leichter gelang, mit seinen beiden Söhnen über Brüssel und Paris zu flüchten, wurde Käthe Leichter am 31. Mai 1938 von der Gestapo verhaftet. Sie wurde im März 1942 beim Transport vom Konzentrationslager Ravensbrück in die Psychiatrische Anstalt Bernburg an der Saale im Zuge einer

Versuchsvergasung von etwa 1500 Jüdinnen in der Nähe von Magdeburg in einem Eisenbahnwaggon ermordet.

Ihr Sohn Franz Leichter machte in New York politische Karriere. Der Exil-Österreicher kandidierte mehrmals erfolgreich für den Senat des Bundesstaates New York. Leichter vertrat von 1975 bis 1998 den Wahlkreis von Washington Heights. Er war auch Delegierter bei der Convention der Demokratischen Partei zur Nominierung von Bill Clinton als Präsidentschaftskandidat.

*

Ich war im März 1938 gerade acht Jahre alt, aber ich erinnere mich noch immer sehr genau an die Ereignisse. Meine Eltern waren seit 1934 in der sozialistischen Untergrundbewegung aktiv. Die Schuschnigg-Regierung versuchte ja in den letzten Wochen vor Hitlers Einmarsch eine Annäherung an die Sozialisten und an die Gewerkschaften. Mein Vater hat an diesen Besprechungen teilgenommen. Er war bis 1934 volkswirtschaftlicher Redakteur in der „Arbeiter-Zeitung", und meine Mutter, Käthe Leichter, war Leiterin der Frauenabteilung in der Arbeiterkammer. Beide wurden 1934 verhaftet. Mein Vater ist nach dem Februar 1934 und dem Verbot der Sozialdemokraten drei Monate in Untersuchungshaft gesessen. Meine Eltern waren damals intensiv in die Vorbereitungen zur Legalisierung der sozialistischen Bewegung eingebunden. Ich habe das als Jugendlicher sehr wohl mitbekommen. Es hat Hoffnung gegeben. Es war natürlich ein unberechtigter Optimismus, es war natürlich alles Illusion. Und dann, am Nachmittag des 11. März, hat man gewusst: Jetzt ist alles aus.

Meine Eltern waren am Freitagabend beide unterwegs und sind erst ziemlich spät nach Hause gekommen. Da war schon alles klar. Ich habe die Rede von Bundeskanzler Schuschnigg gehört und war ziemlich verzweifelt. Was die Nazis sind, das wusste jeder. An die Ausrottung von Millionen hat man damals

146

nicht gedacht, aber die Brutalität der Nazis war bekannt und dass es Konzentrationslager gab, das wusste man auch.

Die Erfahrungen mit den Nationalsozialisten ab 1935/36 waren ja schon schlimm genug, es wurde dann allerdings noch viel ärger.

Am Samstagvormittag hatte mein Vater das Gefühl, es wäre besser, nicht zu Hause zu bleiben. Wir sind dann einfach zu viert stundenlang spazieren gegangen. Und tatsächlich waren die Nazis schon am 12. März gekommen, um meinen Vater abzuholen.

An Verhaftungen waren wir ja gewohnt. Auch meine Mutter wurde wegen ihrer politischen Tätigkeit im „Ständestaat" festgenommen. Sie musste schon vor 1938 ins Ausland flüchten, war aber im Untergrund weiter aktiv. Vom Tod meiner Mutter haben wir in New York erfahren. Ich hatte eine Großtante in Wien, der haben die Nazis geschrieben, dass Käthe Leichter an Typhus gestorben sei. Sie haben ihr dann die Asche meiner Mutter geschickt.

Vom Ende des Krieges habe ich in der Schule gehört. Ich war sehr glücklich, obwohl man ohnehin schon wusste, dass die Nazis besiegt werden würden.

Zu der Zeit war ich schon ein Amerikaner. Wenn man als Kind in ein anderes Land geht, passt man sich sehr rasch an. Mein Vater ist 1947 wieder nach Österreich zurückgegangen, aber nur für ein paar Monate. Er hat wieder versucht, als Redakteur der „Arbeiter-Zeitung" zu arbeiten.

Aber in Wien war man nicht besonders glücklich darüber. Man wollte die alten Sozialisten aus der Emigration nicht mehr zurückhaben. Wahrscheinlich hat man sich vor der Konkurrenz gefürchtet, und es gab auch die Stimmung in der Partei, dass man es mit neuen Leuten anders machen müsse als vor dem Krieg. Für meinen Vater war es also schwer, an seine frühere Arbeit anzuknüpfen. Es gab auch politische Schwierigkeiten zwischen meinem Vater und dem damaligen SPÖ-Politiker Adolf Schärf. Viele andere prominente Sozialisten wurden ja von der Partei auch nicht zurückgerufen.

Wir haben schon Jahre in Amerika gelebt, und man kann eben nicht einfach zurückgehen und sagen, es ist jetzt so, wie es früher war.

Ich bin erst 1951 das erste Mal nach Wien gekommen. In der Kärntner Straße waren noch Häuser zerbombt, und Wien war in vier Zonen aufgeteilt. Es gab die berühmten „Vier im Jeep".*

Aber es war nicht mehr meine Stadt. Ich bin als Tourist zurückgekommen. Natürlich haben wir viele Freunde getroffen. Ich erinnere mich an Rosa Jochmann und viele andere alte Sozialisten. Durch meinen Vater habe ich Bruno Kreisky kennengelernt. Es war sehr schön, aber eine Rückkehr war nicht mehr möglich.

Ich fühle mich nicht als Österreicher, aber ich habe viele Freunde dort. Für meine politische Arbeit ist die Tradition der europäischen Sozialdemokratie wichtig. Man darf hier allerdings nicht sagen, dass man ein „Socialist" ist. Man kann sagen, man sei „progressiv" oder „liberal". Aber der Sozialismus hat sich ja auch in Europa seit den 30er-Jahren verändert.

Mir hat es hier in New York geholfen, wenn ich an die Grundsätze der österreichischen Sozialisten denke und mich erinnere, was mein Vater gesagt hat. Das Anknüpfen an diese Tradition hat mir genützt.

Wenn ich heute nach Wien komme, fühle ich mich gut. Ich war sehr jung, als wir weggegangen sind, ich habe keine Ressentiments. Ich fühle mich – wie schon gesagt – als Amerikaner.

---

\* „Die Vier im Jeep" war der Titel eines Schweizer Films, der die Situation im Wien der Nachkriegszeit beschrieb. Wien war in vier Besatzungszonen geteilt. Besatzungssoldaten aller vier Mächte patrouillierten gemeinsam in einem Jeep durch die Stadt. Der Begriff die „Vier im Jeep" wurde zum Synonym für Besatzungszeit und „Kalten Krieg".

Johannes Österreicher

# „Es hat nie so einen schönen März gegeben."

## Zur Person

Johannes Österreicher wurde im mährischen Liebau als Sohn eines jüdischen Tierarztes geboren. Er studierte ursprünglich vier Semester Medizin. Nach inneren Kämpfen konvertierte er zum katholischen Glauben. Er wurde im Juli 1927 zum Priester geweiht. Seine Priesterweihe feierte er in der Sionskapelle in Wien. Anfang 1934 gründete Österreicher, als junger Kaplan in Ottakring, das „Pauluswerk", um für die Bekehrung der Juden zu beten und den getauften Juden eine Gemeinschaft zu bieten. Er kämpfte wie Irene Harand gegen den Antisemitismus und Rassenhass seiner Zeit.

Die Idee der Errichtung einer kirchlichen Hilfsstelle für „nicht arische Katholiken" wurde von Kardinal Theodor Innitzer unterstützt. Die Zusammenkünfte des „Pauluswerkes" fanden meist im Sionskloster statt. Nach der Flucht von Johannes Österreicher und da nach Kriegsbeginn die Hilfsmaßnahmen immer schwieriger geworden waren, errichtete Kardinal Innitzer im Dezember 1940 in seinem Palais die „Erzbischöfliche Hilfsstelle für nicht arische Katholiken". Er versuchte so die Organisation mit dem Gewicht seines Kardinalsamtes zu schützen.

Österreicher musste im Sommer 1938 nach Frankreich flüchten. In Paris predigte er wöchentlich über den dortigen österreichischen Rundfunksender gegen Hitlers Rassenwahn. Ende 1938 gab er in Paris das Buch „Racisme, Antisemitisme, Antichristianisme" heraus. Johannes Österreicher wirkte auch in den USA als Vorstand des Instituts für christlich-jüdische Studien an der Seton Hall University in New Jersey für den christlich-jüdischen Dialog. Österreicher pflegte enge Kontakte zu Kardinal Franz König und beeinflusste ein wichtiges kirchliches Dokument im Rahmen des Zweiten Vatikanischen Konzils. Er redigierte maßgeblich den Judenartikel in der päpstlichen Enzyklika „Nostra Aetate". Prälat Johannes Österreicher starb 1993 in New Jersey.

*

Ich bin ein großer Freund von Kardinal Theodor Innitzer gewesen. Ich meine, ich bin mit ihm wirklich befreundet gewesen. Ich hoffe, dass ich ihm etwas aus meiner Abscheu vor den Nazis mitgeben konnte, ein Verstehen dafür, wie diese Leute funktionieren. Am Dienstag oder Donnerstag in der Woche vor dem Einmarsch fand eine Versammlung aller Priester statt, und Kardinal Innitzer hat da mit einer Schärfe gesprochen, wie Sie es sich nicht denken können: „Wir sind die Festung, die halten muss. Die Nazis werden die europäische, westliche Zivilisation zerstören, und wir sind das Bollwerk gegen sie." Innitzer hat auch allen Priestern, die mit einem Hakenkreuz gesichtet würden, mit der Amtsenthebung gedroht. „Wenn das noch einmal vorkommt, dann wird der suspendiert. Sofort!"

Innitzer war so scharf, wie man sich nur denken kann. Als die Nazis da waren – ich habe damals das „Pauluswerk" geleitet –, wusste ich natürlich, dass das nicht weiter bestehen könnte und aufgelöst werden müsste. Wir haben für den Sonntag sogar eine Vorstandssitzung einberufen. Ich war mir sicher, dass ich so bald wie möglich verschwinden muss, denn ich ahnte, was die Nazis tun werden. Es hat nämlich einmal im „Schwarzen Korps" einen Bericht über mich gegeben, also lange vor dem „Anschluss" – ich würde das die Vergewaltigung Österreichs nennen –, in dem es hieß, dass das „Pauluswerk" die Umschlagstelle

150

ist, in der „das Geld des internationalen Weltjudentums in den Koffer der internationalen Weltkirche einfließt."*

Abt Hermann Richard Peichl hat das von mir erfahren und spontan den Kardinal kontaktiert. Innitzer hat mich daraufhin angerufen, ich habe es zuerst gar nicht geglaubt, habe drei Mal nachgefragt. „Eminenz, ich höre, Sie wollen mich sprechen?" Er: „Kommen Sie, kommen Sie gleich." Ich habe sofort kommen müssen. Aber es war gar nicht, dass er irgendwelche Furcht um mich hatte, sondern es war seine Güte. Ich meine, er war ein sehr gütiger Mensch.

Obwohl Innitzer Universitätsprofessor war, gab es ein Manko in seiner Seele, und es gab wahrscheinlich ein Manko in seiner Intelligenz: Er wollte nichts Unangenehmes hören. Als ich in sein Büro kam, sagte er zu mir: „Ja, was denken Sie über die Situation?" Ich habe geantwortet: „Eminenz, das bedeutet Krieg." Da wurde der Kardinal ganz ärgerlich, sogar wütend. So eine Stimmung an ihm habe ich überhaupt nicht gekannt, wir haben uns immer sehr gut verstanden, auch wenn er vielleicht nicht einer Meinung mit mir war. Aber er hat sich rasch beruhigt und gemeint: „Ich höre, Sie wollen das Land verlassen. Wo wollen Sie hingehen? Sie könnten nach Paris gehen. Die schreien seit Jahren nach einem Seelsorger." Wissen Sie, er hatte nicht wirklich begriffen, es hat ja kaum jemand begriffen, dass Österreich nicht weiter bestehen würde, nicht? Ich wusste das, weil ich die Nazis ja kannte. Ja, und dann hat er gesagt: „Da ist eine ungarische Gräfin. Die möchte gerne einen Kaplan haben für ihr Schloss." Und daraufhin habe ich ihm erwidert:

---

* „Das Schwarze Korps" war das offizielle Kampfblatt der SS. Es erschien wöchentlich. Jedes SS-Mitglied war verpflichtet, „Das schwarze Korps" zu kaufen und zu lesen. Die SS-Zeitschrift bildete mit ihren Hetzartikeln eine „Speerspitze" im Kampf gegen die katholische Kirche. Besonders gefürchtet war die Rubrik „Leserzuschriften mit der Bitte um Stellungnahme". Diese Leserbriefe gingen direkt an den Sicherheitsdienst der Gestapo. Oft hatten diese Zuschriften die Verhaftung von so Denunzierten zur Folge.

„Eminenz, wenn Sie mir gestatten, ich werde für mich selber sorgen."

Dann ist Kardinal Innitzer in sein Privatzimmer gegangen, hat mich mitgenommen und eigenhändig das Urlaubsdekret geschrieben. „Indem ich Ihnen einen unbeschränkten Urlaub gebe, danke ich Ihnen für dieses und jenes – für Ihre ausgezeichnete Arbeit." Dann haben wir uns verabschiedet. Ich habe ihn aber nach dem Krieg wieder gesehen, und da ist er mir um den Hals gefallen.

Ich glaube, er hat sich auf der einen Seite betäuben lassen. Er hat wirklich geglaubt, er könne einen Beitrag dazu leisten, damit die Verhältnisse friedlich bleiben. Denn er hat eben Sorge gehabt, was alles geschehen könnte. Er hatte keine Angst um seine Person. Ich glaube nicht, dass er furchtsam war. Er hat seinen Rock ausgezogen, um ihn an einen Bettler zu geben. Solche Sachen hat er immer wieder gemacht.

Wenn er ein kleiner Mann gewesen wäre, der seinen Oberen völlig gehorcht, dann hätte ich gesagt, dass er ein Feigling ist oder wie immer Sie das nennen wollen. Aber ich glaube schon, dass er geliebt werden wollte. Aber er war, in gewisser Hinsicht, ein tapferer Mann. So haben wir uns auch kennengelernt. Ich war schon Priester und besuchte ein kleines Spital in der Nähe des Allgemeinen Krankenhauses. Dieses Spital wurde von Schwestern eines kleinen, ganz jungen Ordens geführt. Er hieß „Regina Apostolorum". Die Hauptaufgabe dieses Ordens war eine Mission in Indien. Und Kardinal Innitzer war ihr geistiger Superior. Die haben im Volksmund auch die „Innitzer-Schwestern" geheißen. Die meisten Leute – auch die Kanoniker und Prälaten und so weiter – haben sich über diese Schwestern lustig gemacht. Die waren Neuankömmlinge, und wie das immer ist, hatten sie es schwer. Aber Innitzer hat ihnen die Stange gehalten und sie beschützt. Der Mann war kein Feigling. Er war ein gütiger Mann, und er war ein tapferer Mann. Aber er war halt falsch auf seinem Platz.

Meine private These, ich kann das nicht beweisen, ist, dass ein gewisser Herr Jauner starken Einfluss auf Innitzer gewonnen hat. Jauner ist ein spät berufener Priester gewesen, der seinerzeit im Hause Rothschild gearbeitet und während des Krieges seine Berufung entdeckt hat. Und er war ein illegaler Nazi. Ich habe ihn ja nicht gut gekannt. Ein komischer Mann, der sich nicht getraut hat, eine Predigt zu halten. Und weil er irgendwelche Verbindungen besaß, zu allen möglichen Leuten, sollte er die Spannungen zwischen der Kirche, also natürlich dem Erzbischof und seinen Mitarbeitern und der Naziregierung glätten. Da gab es ja immer wieder Spannungen. Ich meine, dass dieser Mann den Kardinal überredet hat, Hitler entgegenzukommen, damit er dadurch – vielleicht – etwas bewirken kann.

Wie die Stimmung in der Kirche zu den Nationalsozialisten war, kann ich nur schwer beantworten. Aber ich glaube, dass es eine Menge Leute gegeben hat, die am Anfang eingeschüchtert waren. Das hat sich aber bald geändert. Ich hatte eine ganze Reihe von Freunden, die alle anti-nationalsozialistisch eingestellt waren. Mit denen bin ich immer wieder zusammengetroffen. Ich habe an einem Abend der Woche einen Bibelvortrag in der Paulanerkirche gehalten. Und da sind also Freunde aus anderen Pfarren dazugekommen. Da gab es einen Vers aus der Heiligen Schrift: „Für Gott sind tausend Jahre wie ein Tag und ein Tag wie tausend Jahre." Ich habe das auf das „Tausendjährige Reich" bezogen und wurde natürlich verstanden. Danach sind zwei, drei Freunde zu mir gekommen: „Ja, um Gottes Willen, wir beschwören Sie, sagen Sie doch nicht solche Sachen! Da kann doch ein Gestapospitzel zuhören. Das ist Ihr Ende. Tun Sie das nicht." Das war schon nach dem „Anschluss". Vorher hat man die Anwesenheit von Nazis überhaupt nicht beachtet oder nicht geglaubt.

Ich war in den Tagen vor dem „Anschluss" bei einer Demonstration der christlichen Gewerkschaften und anderer Gruppen, die hinter Schuschnigg standen. Wir sind am Ring marschiert und haben „Hoch Schuschnigg!" gerufen. Ich weiß gar nicht, wie ich da dazugekommen bin, da ich mich ansonsten nicht an politischen Aktivitäten beteiligt habe. Viele Leute, die also irgendwie erschüttert waren, sind da mitmarschiert. Alle Leute, die ich kannte, waren sicher, dass es zur Volksabstimmung kommen würde und mindestens 70 Prozent für Schuschnigg stimmen würden. Und das wäre wohl auch eingetreten.

Hitler wäre ja nicht so einmarschiert, wie er einmarschiert ist, wenn er nicht selber Angst gehabt hätte, dass Schuschnigg eine Mehrheit erhält. Schauen Sie, als Hitler im Land war und die Nazis über alle Kommunikationsmittel verfügt haben, lag die Sache anders. Ich erinnere mich, dass ich mich mitten in der Innenstadt befand und plötzlich ein Geschwader von Flugzeugen über Wien dröhnte. Das war am Samstag, ja. Und das hat natürlich auch vielen Leuten Furcht eingejagt.

Die Mehrzahl der Bevölkerung hätte für Österreich gestimmt. Ich habe gehofft, dass es zu dieser Volksabstimmung kommen und Schuschnigg eine überwältigende Mehrheit erhalten wird. Und dann höre ich plötzlich, dass Schuschnigg um sechs Uhr abends im Radio sprechen wird. Ich erinnere mich, wie niedergeschlagen ich war. Ich musste mich sogar hinlegen, um mich von dieser niederschmetternden Nachricht zu erholen. Ich hätte erwartet, dass Schuschnigg, wenn er schon abdanken muss, mit einem seiner Minister das ganze Gold nimmt und es ins Ausland bringt oder nicht abdankt und eine Exilregierung etabliert. Aber da er „kein deutsches Blut vergießen" wollte, wollte er auch keine Gegenregierung machen.

Nach einer halben Stunde habe ich mich gesammelt, einen Freund angerufen und bin mit ihm ins Büro des „Pauluswerks" gefahren, um alle Unterlagen zu verbrennen. Ich habe in der Paulanergasse gewohnt und auf dem Weg ins Büro am Schottenring sind wir beim Rathaus vorbeigekommen. Und da haben wir schon eine erste Gruppe von illegalen Nazis in Uniform gesehen, die dort aufmarschiert sind. Wir waren in einem Taxi unterwegs und haben geschaut, dass wir rasch weiterkommen.

Über die nächsten Tage gibt es nicht viel zu erzählen. Ich habe im Radio die Ereignisse verfolgt. Heute denke ich mir, dass die

Leute damals irgendwie von diesem Gemisch aus Militärmusik, Propaganda und von diesem wunderbaren März berauscht waren. Es hat nie einen so schönen März in Österreich gegeben wie damals.

Es ist natürlich ein Unrecht, wenn man sagt, alle Österreicher hätten „Heil Hitler" geschrien. Aber in diesen Tagen sind viele Gefühle lahmgelegt worden. Obwohl meine Abscheu vor dem Nationalsozialismus immer sehr groß war, habe sogar ich in diesen Tagen gehofft, ich könnte in Wien bleiben. Ich habe auch Hitler auf dem Heldenplatz gesehen, aus der Distanz.

In dieser Zeit habe ich mit einem amerikanischen Priester korrespondiert. Der ist plötzlich bei mir erschienen und hat mich gedrängt: „Du musst unbedingt raus." Nach einer Woche habe ich mich entschieden, wegzufahren und bin ins italienische Reisebüro gegangen. Dort hat man mir mitgeteilt: „Es tut uns leid, aber die Grenze ist vor zwei Stunden geschlossen worden."

Ohne ein Visum und ohne die Stempel war es unmöglich, Österreich zu verlassen. Ich bin mit vielen Leuten zusammengekommen, die alle getröstet werden wollten. Es war nicht leicht.

Eines schönen Tages habe ich beschlossen: „Lasst die Toten die Toten begraben." Und ich habe alles unternommen, um herauszukommen.

Über verschiedene Bekannte bin ich dann an eine Anwältin vermittelt worden, eine Jüdin. Diese Frau ist immer schwarz gekleidet gewesen, hat ihre Haare blond gefärbt und ein großes goldenes Hakenkreuz gehabt. Wir sind zuerst zur Gestapo und dann zur Polizeidirektion, um meinen Akt abzuholen. Der Akt wurde aber nicht herausgegeben, sondern auf dem Amtsweg geschickt. Das hat natürlich gedauert. Inzwischen habe ich mein Ausreisevisum und auch mein Einreisevisum in die Schweiz gehabt. Man hat mir später erzählt, dass die Anwältin ein paar Tage später ins Büro der Gestapo gekommen ist. Der Mann, der meinen Fall behandelt hat, sagt zu ihr: „Wo ist denn der Österreicher, der ist doch ein schwerer Bursche. Den hätten wir doch nie laufen lassen dürfen!" Sie antwortet: „Ja, der ist gestern Nacht über die Grenze gefahren." Diese Anwältin, die alle möglichen Sachen gemacht hat, ist später erschossen worden.

Nein, Angst hatte ich keine, aber ich weiß nicht, ob das eine Tugend ist. Ja, ich meine, ich bin vielleicht zusammengezuckt, wenn die Türglocke geläutet hat. Aus Furcht, dass Gestapo-Leute da sind. Die sind immer wieder in meinem Büro erschienen, aber ich bin sehr selten dort gewesen. Sie haben mich nie angetroffen. Sie haben mich eine Woche lang gesucht und sind dann zu meiner Wohnung gekommen. Die Leute waren sehr höflich: „Ja, wir möchten gerne Ihr Büro sehen." Ich bin also in ihr Auto einge-stiegen – das hat ein SS-Mann gelenkt. Und da muss mich irgend-jemand gesehen haben, denn eine Woche später ist in den Zei-tungen die Nachricht gestanden, dass ich ins Konzentrationslager eingeliefert worden sei. Wir sind über den Ring in mein Büro gefahren. Ich glaube, einer der Männer war vielleicht ein Öster-reicher. Aber das waren alles alte Gestapo-Leute, die waren geeicht.

Dann sind wir in mein Büro, in ein beinahe leeres Büro ge-treten. Einer der Männer hat gefragt: „Wo sind denn all Ihre Sachen?" Habe ich gesagt: „Na, die habe ich doch in den letzten Tagen verbrannt. Ich konnte doch nicht annehmen, dass Sie mir erlauben würden, das ‚Pauluswerk' weiterzuführen. Ich konnte doch nicht die Sachen da irgendwo im Keller bereitstellen und dem Hausherrn sagen, er soll das hier verwahren." Und da hat er ge-sagt: „Wem gehört denn die Schreibmaschine?" „Die gehört mir." – „Woher haben Sie die?" „Das war ein Geschenk." – „Wer hat sie Ihnen geschenkt?" Und so ging das weiter und weiter.

Da ich sehr frech gewesen bin zur Gestapo und mir nichts habe gefallen lassen, haben sie mich laufen lassen. Aber wenn die irgendwie die Absicht gehabt hätten, mich einzusperren, hätte mir das freche Auftreten auch nichts genützt. Aber sie haben mir natürlich auch Fallen gestellt. Ich bin dann aus dem Büro hinaus-gegangen, und sie haben ein Siegel an der Türe angebracht. „Sie können sich doch nicht beschweren, dass wir Sie nicht gut behandelt haben?" Habe ich gesagt: „Nein, das kann ich nicht." „Na, wie wäre es denn, wenn Sie darüber in einer der Emigrantenzeitungen schreiben würden?" Das war eine Falle, denn wenn ich gesagt hätte: „Ja, das tue ich", hätte ich den Leuten zu verstehen gegeben, dass ich mit denen irgendwelche Beziehungen habe.

Vorher haben sie noch gefragt: „Ja, wie ist denn das mit Ihren Finanzen?" Da habe ich erwidert, dadurch, dass wir aufgelöst worden sind, haben wir natürlich auch die Gelder verteilt. Aber es gibt noch ein Sparbuch, das war bei einer Dame, die unsere Schatzmeisterin war und ein bisschen herzkrank war. Ich habe natürlich Angst gehabt, dass die Gestapo dorthin kommt. Deshalb habe ich gesagt: „Wissen Sie, ich kann Ihnen das jetzt nicht übergeben, aber wenn Sie morgen kommen und das Sparbuch abholen, dann werden Sie es erhalten." Tatsächlich ist einer der Männer am nächsten Nachmittag wiedergekommen. Er hat sich für seine Kollegen entschuldigt, „weil sie so rüde gewesen waren."

Und damit war das beendet. Ach ja, die haben mich noch gefragt: „Besitzen Sie ein Maschinengewehr?" Ich habe natürlich Nein gesagt. Meine Freunde haben mir alle gesagt, du hättest doch sagen müssen: „Ja freilich habe ich ein Maschinengewehr." Das hätte ich vielleicht auch sagen können, aber ich meine, dass ich es nicht zu weit treiben wollte. Das sind ja alles doch nur Geschichtchen, wissen Sie, nicht wesentlich.

Ich bin ein paar Tage nach Ostern dann doch mit dem Schnellzug in die Schweiz gefahren. Dort haben mich Freunde eingeladen, Vorträge zu halten. Und diese Einladung habe ich auch verwendet. Ich weiß allerdings nicht, welchen Eindruck es gemacht hat. Um das Schweizer Visum zu erhalten, hat es aber gereicht.

Ich bin also über die Grenze. Bis Salzburg war das ereignislos. In Salzburg bin ich ausgestiegen und habe mich von einer Reihe von Freunden verabschiedet. Ich habe es gar nicht so eilig gehabt. Dann bin ich nach Vorarlberg gekommen, und in Feldkirch ist ein Ehepaar ins Coupé gestiegen und hat mit mir ein Gespräch begonnen über einen Priester in Wien, der Juden hilft. Ich habe mir gedacht: „Das ist ja komisch!" Ich habe mich aber nicht zu erkennen gegeben, weil ich angenommen habe, dass das Spitzel sind. Schließlich haben wir die Grenze erreicht, da erschienen so Buben – es waren doch fast noch Kinder – und haben das Gepäck durchsucht. Jedes Kleidungsstück haben sie angeschaut. Und als sie meinen Koffer aufgemacht haben, ist ganz oben ein Brief der „Deutschen Gesandtschaft" gelegen. Die haben eine Zeitschrift bestellt, die von mir herausgegeben worden ist. Der Zöllner hat sich nicht ausgekannt und den Koffer wieder zugemacht. An den bitteren Blick werde ich mich immer erinnern.

Nach ein paar Wochen in der Schweiz bin ich mit einigen bischöflichen Empfehlungen, meist von Schweizer Bischöfen, nach Rom gegangen. Im Vatikan war damals eine sehr unglückliche Zeit, weil Pius XI. krank daniedergelegen ist. Kardinal-Staatssekretär Eugenio Pacelli war drauf und dran, nach Budapest zum Eucharistischen Kongress zu fahren und hat jede Minute genützt, eine große Rede in Ungarisch zu lernen.* Sie können sich vorstellen, was das für einen Italiener bedeutet, in ein paar Tagen eine ungarische Rede auswendig zu lernen. Und da hat er also niemanden empfangen.

Ich war sehr enttäuscht. Dafür habe ich den kleinen Monsignore Montini gesehen, mit dem ich mich auf Lateinisch unterhalten habe. Montini wurde ja Jahrzehnte später als Paul VI. Papst. Ich habe zwar in Rom nicht erreicht, was ich erreichen wollte. Aber wahrscheinlich war das mein Glück, denn nicht jeder kann sagen, ich habe den Papst so gesehen, so wie ich. Der Kardinal-Staatssekretär dürfte später doch irgendwie ein schlechtes Gewissen gehabt haben, weil er mir das nicht geben konnte, was ich gewünscht hatte. Pacelli hat mir dann einen Brief geschrieben. Aber da war ich schon in Amerika.

Ich bin aus dem Vatikan weg, zurück nach Paris. Warum sollte ich im Vatikan bleiben? Wenn ich immer nur auf Sicherheit aus ge-

---

* Eugenio Pacelli wurde wenig später zum Papst gewählt und leitete als Pius XII. die katholische Kirche in der Zeit des Zweiten Weltkrieges.

wesen wäre, dann hätte ich vieles in meinem Leben nicht getan. Aber wenn Sie das lesen, dann werden Sie verstehen, dass die Gestapo sofort nach mir gesucht hat. Wissen Sie, es gab ja keine österreichische Exilregierung, sondern es gab Gruppen von Österreichern, die in einer Organisation zusammengefasst waren. Und die meisten waren irgendwie mit dem – damals hat man noch gesagt – Kaiser verbunden. Otto Habsburg war ja die Person, die sich sehr eingesetzt hat – sowohl in Paris als auch hier in New York. Hier hat ja eine Gruppe existiert, die versucht hat, Politik zu machen. Diese Leute wollten die Monarchie wieder errichten, eine europäische Föderation. Aber ich bin dann draufgekommen, dass die alle nur an sich denken. Sie haben schon gestritten, wie sie die Ministerposten besetzen werden. Ich war eigentlich ernüchtert, dass ich einen besseren politischen Instinkt hatte als der Kaiser.

Ein paar Tage bevor die deutschen Truppen einmarschiert sind, bin ich aus Paris geflohen. Das heißt, ich bin am Montag weg und am Freitag sind sie gekommen und haben mich sofort gesucht: „Qu'est le Österreicher?" Ich war Gott sei Dank über alle Berge. Ich habe lange keine Ausreisebewilligung aus Frankreich erhalten können, weil die Gestapo in jedem Büro irgendjemanden gehabt hat. Und die hätten mich natürlich sofort festgenommen. Nein, damals war schon ein Teil des Landes besetzt. Aber sie haben auch im unbesetzten Teil ihre Leute gehabt.* Aber die Schlamperei in Frankreich ist noch viel ärger als die Schlamperei in Wien.

---

* Nach der Niederlage Frankreichs gegen Deutschland und dem Waffenstillstand im Juni 1940 besetzte Hitlers Wehrmacht knapp 60 Prozent des französischen Staatsgebietes. Im nicht besetzten Teil wurde eine französische Regierung unter der Führung von Marschall Pétain etabliert. Hauptstadt wurde der Kurort Vichy. Marschall Pétain führte ein autoritäres Staatsmodell ein und erklärte Frankreich für „neutral". Obwohl ganz Frankreich staatsrechtlich dem „Vichy-Regime" unterstand, war das Land de facto geteilt. Die Gesetze der Regierung Pétain mussten in den besetzten Landesteilen von der deutschen Militärverwaltung genehmigt werden. Nach der Landung der alliierten Truppen in Nordafrika besetzten 1942 deutsche Truppen auch das Gebiet des „Vichy-Regimes".

In Frankreich konnte ich nicht bleiben, nicht wahr? Da hätte mich die Gestapo eines Tages doch gefunden. Aber in Portugal und Spanien konnte ich auch nicht bleiben. Als ich nach Portugal kam, bin ich aus dem Zug ausgestiegen, ohne zu wissen, was ich überhaupt tun werde. Und als ich rauskomme, ruft mich jemand. Ich blicke mich um, war das der Vetter von Schuschnigg. Der war zu seiner Zeit ein Konsularbeamter oder ein Konsul in Brasilien und war nun also da. Nun, er hat gesagt: „Wir haben Sie die ganze Zeit gesucht!" Ich bin freilich unter falschem Namen in Frankreich herumgegangen, mit falschen Papieren, die aber behördlich ausgestellt waren. Und der sagt: „Ja, das Visum für die Vereinigten Staaten liegt für Sie auf dem Konsulat." Ich habe es nicht geglaubt, aber es war dann tatsächlich da.

Während des Krieges wurde man ja dann, ob man wollte oder nicht, ein amerikanischer Patriot. Ich kenne all die Schattenseiten dieses Landes, aber mir hat dieses Land nur Gutes geboten.

Habe ich jemals Bitterkeit verspürt? Nicht in dem Sinne, in dem Sie das gefragt haben. Sie haben mich ja nicht hinausgeworfen. Ich wurde nie beschimpft, und ich bin selber gegangen. Ich bin kein Mensch, der der Vergangenheit nachhängt. Ich habe auch nie meine Memoiren geschrieben. Also, ich denke nicht sehr viel zurück, und ich habe so viel Glück hier erfahren, dass ich nicht meiner Vergangenheit oder meinen Möglichkeiten in Österreich nachweinen konnte. Hätte mir jemand gesagt: „Wenn Sie in Österreich geblieben wären, wären Sie zuerst Weihbischof und dann vielleicht Kardinal geworden", dann würde ich sagen: „Es tut mir leid, dass ich das alles versäumt habe."

Da ich gar keine Ambitionen in dieser Beziehung habe und kein Karrieremensch bin, kann ich also nicht irgendeiner Sache nachweinen. Ich habe vielleicht einige Male bittere Bemerkungen gemacht über die Österreicher als ein Theatervolk, das da Hitler zugejubelt hat, weil es irgendwie ein schönes Schauspiel war. Aber das ist die einzige Bitterkeit, die ich je empfunden habe. Ich habe immer das Glück gehabt, drüben und hier, sehr, sehr gute

Freunde zu haben. Und so habe ich natürlich ein anderes Bild von Österreich, als andere Leute das haben. Und ich besitze auch ein anderes Bild von den Vereinigten Staaten. Das heißt, dass ich also vom Glück – oder als Christ würde ich sagen: von der Gnade – begünstigt worden bin.

Ja, das war, als ich den Nazis immer wieder entkommen bin. Manchmal sind kleine Wunder nötig. Es gibt verschiedene Beispiele. Wissen Sie, wer Mehring ist?* Sein Vater Sigmar war ein Romanschriftsteller, der als Kulturschaffender geadelt worden ist. Walter Mehring wollte aus Österreich verschwinden, über die Grenze in die Tschechoslowakei. Bis Lundenburg ist er gekommen. Am Grenzbahnhof haben die Nazis alle Leute aus dem Zug steigen lassen. Sie brüllten: „Gehen Sie da hinunter, links die zweite Tür!" Der Mann war so nervös, er hat gestottert und links und rechts nicht unterscheiden können. So ist er rechts durch die zweite Tür ins Zimmer getreten. Da sind lauter SS-Leute gesessen, die gebrüllt haben: „Was wollen Sie denn hier!!? Steigen Sie sofort wieder in den Zug ein!" Das war ein Befehl. So ist er mit dem Leben davongekommen, weil er sich in der Tür geirrt hat.

Die schönste Geschichte ist die von Joseph Wirth, dem früheren deutschen Reichskanzler. Ein Mann, der unglücklicherweise gerade zur Zeit des Einmarsches in Österreich war, und gerade vier, fünf Tage vorher einen österreichischen diplomatischen Pass bekommen hat, wo „Reichskanzler außer Dienst" draufgestanden ist. Mehr hätten die Nazis nicht gebraucht. So etwas wäre ein Pfand gewesen. Und dann hat er sich doch entschlossen, über die Grenze zu fahren. Er hat dem deutschen Grenzbeamten den Pass

---

\* Walter Mehring gilt als einer der bedeutendsten satirischen Autoren der Weimarer Republik. Er schrieb unter anderem in der „Weltbühne" satirische Gedichte und Texte gegen den Militarismus und gegen übersteigerten Nationalismus. Seine Lieder, Gedichte und Kabarettbeiträge machten ihn bei den Nationalsozialisten verhasst. Joseph Goebbels schrieb höchstpersönlich einen Hetzartikel gegen Mehring unter der Überschrift „An den Galgen". Bücher von Mehring wurden 1933 auf dem Scheiterhaufen verbrannt.

so offen hingegeben und mit einem sehr guten norddeutschen Akzent gefordert: „Jetzt geben Sie mir mal die Stampiglie da gerade in die Mitte. Das ist so ein großer Tag, den will ich für immer da reingestempelt haben." Das haben die Kerle getan. Er hat so richtig Eindruck auf sie gemacht – das ist ein richtiger Nazi, der spricht den Dialekt – und sie haben ihn laufen lassen. Das gab's ja auch, Gott sein Dank. Es hat nicht nur die Gewalttaten, sondern auch die Dummheiten von Nazis gegeben.

Fritz Spielmann

# „Ich habe das Wien, das ich liebte, erkannt – aber die Menschen habe ich nicht mehr erkannt."

## Zur Person

Fritz („Fred") Spielmann wurde am 20. November 1906 in Wien geboren. Er absolvierte eine klassische Musikausbildung an der Akademie für Musik und darstellende Kunst in Wien. Im Berlin der 20er-Jahre entdeckte Spielmann seine Liebe zu amerikanischer Unterhaltungsmusik. Er wurde in den 30er-Jahren in Österreich zum populären Schlager- und Bühnenkomponisten. Der junge Pianist avancierte in der Wiener Kleinkunstszene zu einem bekannten Klavierunterhalter und vielbeschäftigten Komponisten von Unterhaltungsmusik. Spielmann gastierte auch im legendären Kabarett „Der Liebe Augustin" und trat im Nachtclub „Fiaker" auf.

Spielmann entdeckte auch das Medium Film für sich und komponierte für „Fräulein Lilli" (mit Franziska Gaal und Hans Jaray, 1936) die Filmmusik. Zusammen mit Stephan Weiss schrieb er Revuen und Musicals. Sein 1936 komponierter Schlager „Schinkenfleckerln!", in dem „ollaweil das Fleisch Versteckerln" spielt, ist ein Evergreen geblieben.

Von den Nazis vertrieben, emigrierte Spielmann über Paris und Kuba in die USA. Er arbeitete zunächst in New York, wo er bald zu einer zentralen Figur der „Wiener" Kleinkunstszene wurde, die sich um Künstleremigranten wie Hermann Leopoldi, Jimmy Berg und Karl Farkas geschart hatte. Spielmanns handwerkliches Talent und seine Anpassungsfähigkeit an das amerikanische Musikbusiness führten ihn schließlich nach Hollywood, wo er zu einem gefragten Film- und TV-Komponisten wurde. Viele seiner 900 Songs wurden in den Interpretationen von Stars wie Bing Crosby, Doris Day, Frank Sinatra, Dean Martin, Judy Garland, Sarah Vaughan, Nat King Cole oder Elvis Presley zu Hits. So lag „You Won't Forget Me" in der Version von Shirley Horn und Miles Davis über Monate an der Spitze der internationalen Charts; für „Paper Roses" erhielt Spielmann einen Grammy Award; und von seinem amerikanischen „Frühwerk" „Shepherd's Serenade" wurden über eine Million Platten verkauft. Sein erfolgreichstes Musical „The Stingiest Man in Town" kam 1962 am Broadway heraus. Fritz Spielmann starb am 21. März 1997 im Alter von 91 Jahren in New York.

Ein Jahr nach Spielmanns Tod kam sein Nachlass nach Wien und wurde im März 1998 bei „Spring Came Back to Vienna", dem Fritz-Spielmann-Festival im RadioKulturhaus und im Literaturhaus, präsentiert.

*

Ich weiß nicht, ob ich Angst gehabt habe, es war ein unsicheres Gefühl! Die Berichte, die ich in den Zeitungen gelesen habe über Deutschland, dass man jüdische Besitzer enteignet und dass man Leute in Konzentrationslager steckt und so weiter, haben mich natürlich schon beeindruckt. Ich habe immer nur die Frage gestellt: „Was wird sein? Was wird sein, was ist das nächste Ding?" Ungefähr vier Wochen vor dem Einmarsch der deutschen Armee wurde ich von Musikerkollegen gewarnt.

Die haben gesagt: „Fritz, schau, wir wollen nicht, dass dir irgendetwas passiert. Nimm das ganze Geld, das du in der Sparkasse hast, heraus und schau, dass du wegkommst! Schau, dass du wegkommst!" Ich bin gewarnt worden, dass es in Wien noch viel ärger sein wird als in Deutschland. Warum sie das wussten? Das weiß ich nicht. Vielleicht haben die Österreicher darauf gewartet. Ich habe keine Ahnung, das kann ich nicht analysieren.

Wir sind einmal nachts um vier Uhr früh von der Ringstraße bis hinauf zum Gürtel – zur Mariahilfer Straße, wo ich gewohnt habe – gegangen. Wir sind alle von der Arbeit gekommen. Ich habe einen Abendauftritt gehabt, und die Musiker sind aus dem „Herrencafé" gekommen. Wir haben aber nicht viel politisiert, nur das eine haben sie gesagt: „Fritz, ich mache mir sehr große Sorgen, du musst weg – und deine ganze Familie – du musst weg! Du musst weg! Du musst weg! Es wird noch viel ärger."

Die Musikerkollegen waren recht gut informiert: „Schau, es wird nicht mehr lange dauern, wir wissen das. Wir geben der Regierung Schuschnigg vielleicht noch drei oder vier Wochen. Ich bin bei der Partei. Es wird wahrscheinlich so sein, dass man nur arbeiten kann, wenn man bei der Partei ist. Aber ich vertraue mich dir an." Und diese Leute waren eigentlich Illegale, illegal bei der Nazipartei in Österreich. Wir sind trotzdem immer Freunde geblieben. Sie haben gesagt: „Schau, ich bin dabei, ich weiß nicht, was da passieren wird, es ist besser, jetzt schon dabei zu sein."

Ich habe durch meine Kompositionen viele Berufsfreunde gehabt, die mich ganz gut leiden konnten. Ich war immer sehr freundlich und ein bisschen lustig und so weiter. 1936 und 1937 habe ich schon musikalische Lustspiele komponiert gehabt, die auch im Theater an der Wien aufgeführt worden sind. Eines hat „Pam Pam" geheißen und ist von Billy Wilder geschrieben worden. Es war die Zeit, in der auch Hans Weigel Texte für mich geschrieben hat und viele andere. Ich war sehr befreundet mit Orchesterleuten, Schauspielern und vielen anderen.

Ich habe alles vorbereitet, ich habe meinen Pass hergerichtet gehabt, alles zusammengepackt. Wir sind zwei Tage auf den Semmering gefahren, dort war mein Freund Herzmansky, und dort haben wir dann die Nachricht gehört, dass bereits die Deutschen einmarschiert sind. Ich habe aber meinen Pass absichtlich in meiner Wohnung in der Mariahilfer Straße gelassen. In derselben Nacht bin ich noch nach Wien gefahren. Im Zug vom Semmering nach Wien hatte jeder schon ein Hakenkreuz angesteckt.

Es war eine große Enttäuschung eigentlich. Ich habe es zwar erwartet, aber es war trotzdem eine große Enttäuschung: Schauen Sie, damals konnte ich das nicht beurteilen, weil ich in einer großen Unruhe war. Ich habe es erwartet, und trotz alledem – das ist genau so, als ob einer sagt: „Ihr Vater liegt im Sterben", und trotzdem glaubt man ja noch, es ist noch nicht Schluss. Wo sie die Hakenkreuze so schnell hergehabt haben? Entweder waren die alle schon Nazis oder sie haben sich das einfach angesteckt, damit ihnen nichts passiert. Vielleicht haben sie auch Angst gehabt. Das konnte ich damals nicht analysieren. Ich habe nur gesehen, dass alles voll war. Ich habe so einen Steirerhut getragen, einen kleinen Schnurrbart gehabt. Ich habe den Kragen aufgestellt, bin vorne gesessen und habe geschlafen.

Das war am 12. März. Und die Straßen waren natürlich verlassen. Ich bin erst um sechs Uhr früh am Südbahnhof angekommen. Aber von dann an hat es nur eines gegeben: auf das amerikanische Konsulat und eine Anmeldungsnummer für die Einwanderung nach Amerika. Von diesem Moment an konnte ich weder als Musiker noch als Komponist irgendetwas arbeiten. Das Einzige, was ich erledigen musste, war, meine Steuerpapiere zu sammeln.

Es hat ja schon am ersten Tag eine enorme Veränderung gegeben. Da waren die deutschen Truppen noch gar nicht da. Ich habe eine Wohnung gehabt, mit der Aussicht auf die Mariahilfer Straße, und da habe ich Hitler im Auto gesehen, von meinem Fenster aus! Ja, in seinem Auto, mit seiner Uniform. Die Polizei hat überall raufgeschaut, weil sie geglaubt hat, man wird ihn erschießen. Und die Leute! Wenn es heißt, wir sind besetzt worden … Na, willkommen! Ich war vorher oft im Café im Hotel „Imperial". Ich weiß nicht, woher ich den Mut gehabt habe. Ich bin dann dort herumgegangen, als Hitler im „Imperial" gewohnt hat.

Es war eine recht unangenehme Zeit. Ich habe das Wien, das ich gekannt habe, das ich liebte – und die Stadt und Österreich liebe ich noch immer –, erkannt, aber ich habe die Menschen nicht mehr erkannt. Ich meine, ich war so enttäuscht von den Menschen, alles war so unsicher, und ich habe natürlich gesehen, wie Leute, die Geschäfte gehabt haben, weggeschleppt worden sind, auf Lastautos zum Straßenkehren und Aufwaschen. Ich denke, Sie kennen das alles. Ich kann mich nicht so sehr erinnern oder ich will mich nicht erinnern.

Also, mein Vater, der Elektroingenieur und Elektrotechniker war, der ein Geschäft gehabt hat, er und seine Eltern und seine Großeltern, die alle in Wien geboren waren und nicht viel von Religion wussten, meine Mutter ist in Wien geboren, alle meine Verwandten sind in Wien geboren – die haben gesagt, sie glauben, es wird sich alles legen. Aber ich habe mich weiter darum bemüht, wegzukommen. Ich konnte ein Einreisevisum nach Riga bekommen – das hat damals noch nicht zu Russland gehört –, aber was sollte ich in Riga?

Auf jeden Fall war ich noch bis Juni in Wien, und in der Zeit habe ich meine zukünftige Frau kennengelernt, Mary Fells. Sie war schon mit 18 Jahren Witwe geworden, weil sie einen Engländer geheiratet hat, der aber bald bei einem Unfall gestorben ist. Sie war eine geborene Wienerin – im Kloster in die Schule gegangen, Christin. Diese junge Frau hat mich so moralisch unterstützt und hat an mein Talent und an mein philosophisches Denken sehr geglaubt.

Wie ein Schutzengel ist die gekommen. Sie hat mir dann durch einen Bekannten ein französisches Durchreisevisum verschafft, und dort bin ich in Paris hängen geblieben, bin niemals nach England gefahren. Ich wurde von niemandem gesucht, ich wurde von österreichischen Nationalsozialisten weder gesucht noch belästigt. Persönlich habe ich nichts durchgemacht, kein Konzentrationslager. Aber ich war so traurig, es war so schwer, es war eine ungeheuer schwere Gemütssituation, alles zusammen. Ich bin nicht einmal ein sehr frommer, religiöser Mann. Das ist etwas, was ich sehr schwer verstehen konnte.

Mein Freund und mein Verleger Bernhard Herzmansky, den ich sehr, sehr geschätzt habe, ist auch in das Konzentrationslager gekommen, weil er der „Vaterländischen Front" Geld gespendet hat. Ich konnte ihn nicht mal mehr besuchen. Alle meine Mitarbeiter, Dr. Fritz Löhner-Beda, der Textdichter und Autor von „Land des Lächelns", sind alle ins Konzentrationslager gekommen.

Ich habe niemals Hass gehabt. Aber ich konnte ganz einfach nicht verstehen, dass man einem armen Mann, der eine ganz kleine Papierhandlung gehabt hat, der jeden Tag früh aufgestanden ist, die Scheiben eingeschlagen hat. Was für Leute sind das? „Jetzt haben wir die Gelegenheit!" Hitler hat ein Steckenpferd gehabt, dass die paar Prozent Juden an allem Elend schuld sind. Wie viele Juden hat es denn in Österreich gegeben?

Ich kannte Leute, die sind nach Berlin gefahren, weil es in Österreich so arg war. Weil in Berlin konnten sie als Juden noch leben! Ein Nachbar von mir ist drei Tage nach dem Einmarsch nach Berlin gefahren. „Dort ist man viel sicherer als hier!"

Ich habe nur eines im Sinn gehabt: „Weg!" Ich konnte aber nicht, weil mir die österreichische Polizei den alten Pass weggenommen hatte und mir keinen neuen Pass ausstellen wollte. Ich bin aufs Amt gegangen und habe gesagt: „Ich möchte eine Passverlängerung haben." Da haben sie ihn weggenommen. Da musste ich dann zu einem Rechtsanwalt, und dem habe ich gesagt: „Schau, dass ich bald einen neuen Pass bekomme." Hat der gesagt: „Dummerweise kostet das 5000 Schilling."

Dafür habe ich im neuen Pass kein „J" drinnen gehabt.* Das war sehr wichtig. Ich war am Flugplatz und wurde angesprochen: „Ich kenne Sie doch! Sie sind doch der Komponist von dem und dem!" Habe ich gesagt: „Machen Sie es mir bitte nicht schwer. Ich

---

\* Der Reisepass von jüdischen Bürgern wurde mit einem roten „J", dem sogenannten „Judenstempel", gekennzeichnet. Diese Praxis wurde auch von der Schweiz 1938 in einem Abkommen mit dem Deutschen Reich übernommen.

möchte ein Flugticket." Mit der „Air France" bin ich damals nach Paris geflogen. Ja, ich habe noch Komplimente bekommen. Als ich mir etwas Geld bei der Creditanstalt umgewechselt habe, hat mich einer erkannt. „Kann ich ein Autogramm haben für meine Frau? Bitte schreiben Sie drauf: ‚Oh, du Schinkenfleckerl'."

In Amerika musste ich neu anfangen, aber ich hatte schon, als ich noch auf Kuba war, ein Angebot, dass ein Lokal hier am Broadway für mich eröffnet wird. Ich bin am 1. September 1939 hier angekommen. Ich musste ganz einfach wieder von vorne anfangen. In Frankreich, in Paris war es leichter, weil meine Kompositionen dort schon gedruckt vorlagen, auf Französisch.

Ich habe einen Freund gehabt, den Baron Harold von Oppenheim. Er war wiederum mit Hermann Göring bekannt. Baron Oppenheim habe ich schon in Wien kennengelernt – er ist vom Kölner Bankhaus Oppenheim – und er hat mir nach Wien geschrieben, sollte ich irgendwie einmal nach Paris kommen, dann möge ich ihn aufsuchen. Und das habe ich gemacht. Der Herr Baron hat meine Lieder gern gesungen. Mit dem habe ich mich dann sehr angefreundet, und er hat mir auch materiell geholfen. Der Baron Oppenheim war auch mit dem Herzog von Windsor befreundet, vor allem war er sehr gut informiert. Er ist immer nach Köln und wieder zurück. Da hat er mich gewarnt: „Du, pass auf, es wird Krieg geben. Ich habe schon ein Flugzeug für mich vorbereitet. Ich gehe nach Schweden, von dort nehme ich einen Dampfer und fahre nach New York. Ich lasse mich lieber einsperren."
– Internieren, wie das auf Deutsch heißt.

Irgendwo habe ich immer einen Schutzengel gehabt – meine Frau Mary, das war ein Schutzengel für mich, leider habe ich sie schon 1950 in Hollywood verloren, durch Krebs. Ich war nur zehn Jahre mit ihr verheiratet, aber es war die schönste Zeit meines Lebens. Mary hat mich moralisch gestützt, und sie hat mich verstanden. Und ich habe sie respektiert.

Also, der Baron Oppenheim hat mich gewarnt und hat gesagt: „Geh raus, es wird Krieg sein, und die Nazis kommen auch nach

Frankreich!" Der hat das gewusst! Also, der Plan war schon damals, Ende 38, fix. Im Mai 1939 bin ich von Paris weg.

Mit dem letzten Schiff bin ich nach Kuba gelangt. Das war ein ehemaliges Kriegsschiff. Die haben in Wien meine amerikanische Codanummer verkauft. Da musste ich dort auf eine neue Nummer warten. Es war sehr, sehr schwer, auch in Paris, aber irgendwie war ich noch beschützt, weil Baron Oppenheim mir wöchentlich Geld gegeben hat. Irgendwie bin ich durchgekommen. Es ist eine Bestimmung, weil ich eben nicht ins Konzentrationslager gekommen bin wie der Hermann Leopoldi. Er hat das „Buchenwaldlied" geschrieben. Er ist trotzdem nach Österreich zurück. Aber warum? Weil sich große Künstler wie Robert Stolz, Emmerich Kálmán, Hermann Leopoldi, Robert Katscher hier nicht an das amerikanische Tempo gewöhnen und die amerikanische Musik adaptieren konnten, während ich in Österreich schon viele amerikanische Songs gespielt und in Bars gesungen habe. Dadurch konnte ich auch ein bisschen Englisch.

Dann bin ich hierher gekommen, und meine erste Komposition war 1940, mit einem ganz unbekannten jungen Texter. Und 1941 habe ich die Nummer eins in der Hitparade gemacht mit dem Song „Old Shepherd's Serenade", den Bing Crosby gesungen hat. Das Ohr war schon eingestellt auf Amerika, nicht die Sprache, „not my pronunciation" – meine Aussprache. Aber es war sehr schwer von Beginn an. Ich musste wieder anfangen, Klavier zu spielen, mein Programm war schon zu drei Viertel Englisch.

Ich habe Parodien geschrieben, meine Impression von New York … Man hat mir gesagt: „The Streets are paved with gold, but I find only chewing gums." Aber wir haben es durchgehalten. Und vom ersten Geld, das ich 1941 verdient habe, als ich wusste, so und so viel werde ich aus den Rechten vom Plattenverkauf bekommen, habe ich mir einen Kredit genommen, um Schiffskarten und ein Visum für meine Eltern nach Kuba zu besorgen.

Und das ist ihnen übergeben worden, nach Aussage meiner Tante, die noch in Wien war, einen Tag bevor oder einen Tag nachdem die Gestapo sie abgeholt hat. Die wussten davon. Dass Leute so schlecht sein können! Es ist unglaublich! Ich kann gar nicht daran denken.

Ich komponiere noch. Ich habe zum Beispiel ein Musical über die Freiheitsstatue gemacht. Aber das ist etwas Seriöses, das bringt man nicht so leicht an. Es gibt ja nur drei, vier oder fünf Komponisten am Broadway, die ganz groß sind. Ich habe eigentlich erst in Amerika angefangen, nur für die leichte Muse zu komponieren, Schlager und so. Ich war Absolvent der Hochschule für Musik, und mein Lehrer war Rektor Josef Marx. Ich habe Komposition, Kontrapunkt und so weiter studiert, und ich habe auch mein Master Degree bekommen, die Auszeichnung von der Akademie. Ich war auch Konzertpianist. Aber nachdem ich nicht sehr erfolgreich war und keinen Mäzen gefunden habe und ich immer schon Gershwin und amerikanische Kompositionen gespielt habe, habe ich mich auf die leichte Musik umgestellt. In einem kleinen Lokal – es hat „Fiaker" geheißen – in der Ballgasse, jetzt ist dort eine Tischlerei, habe ich meine ersten Schlager gespielt. Sehr bald ist derselbe Verleger hineingekommen, derselbe, der mein Streichquartett abgelehnt hat. Er konnte gar nicht richtig rein, weil das Lokal so voll war. Ich habe damals schon meine eigenen lustigen Chansons gesungen. Das war Bernhard Hermansky, ein lieber Freund, der den „Doblinger-Verlag" gehabt hat.

So hat meine leichte Karriere angefangen. Dort sind die Schlager entstanden. „Schöne Frau, du gehst an mir vorbei" war mein erster Schlager, der von den großen Kapellen, wie Charly Gaudriot und vielen, vielen anderen, dann gespielt worden ist.* Dort

---

\* Charly Gaudriot, ein ehemaliger Philharmoniker, dominierte mit seinem Orchester die Jazz- und Tanzmusik-Sendungen von „Radio Wien" der RAVAG. Seit 1925 begann der Jazz auch in Wien immer mehr in die Programmgestaltung des Radios einzufließen. In den späten Abendstunden sendete die RAVAG Tanzmusik, meist als Live-Übertragungen aus diversen Nachtlokalen. Das Orchester Charly Gaudroit war ein Fixpunkt dieser musikalischen Szene.

sind auch die „Schinkenfleckerln!" entstanden, und das ist in der Zwischenzeit, wie Sie wissen, ein Volkslied geworden.

Ich will nur Ihnen erzählen, was mit meinen Eltern passiert ist. Sie haben mich noch zum Flugplatz gebracht, und als ich in Paris war, habe ich sofort versucht, meine Eltern rauszubringen. Dann bin ich erst nach Kuba, um dort meine amerikanische Codanummer abzuwarten – schon mit meiner späteren Frau Mary, die immer von Wien nach Paris gefahren ist, 1938 bis Beginn 1939. Sie hat den Kontakt zwischen meinen Eltern und mir aufrechterhalten. Die mussten natürlich alles verkaufen, zwangsweise, und haben ein Sperrkonto gehabt. Ich war in Verbindung mit ihnen, und als ich da nach Amerika gekommen bin, da wollte ich für sie ein Visum haben und habe unter den schwersten Umständen Schiffskarten gekauft. Ich habe sogar schon ein Visum für sie nach Kuba gehabt. Das Visumsgeld haben sich die Nazis geteilt, und man wusste ganz genau, dass es bezahlt worden ist, aber meine Eltern sind dann doch abtransportiert worden und im Konzentrationslager umgekommen, vergast worden.

Wir haben immer die Augen geschlossen. Ich muss sagen, auch der Baron Rothschild hat die Augen geschlossen. Der Rothschild hat nicht geglaubt, dass etwas passieren wird, dass diese machtvolle Armee einmarschieren und Österreich besetzen wird. Er hat gesagt: „Mussolini steht an den Grenzen, und der wird das nicht erlauben, und Amerika wird das nicht erlauben" und so weiter. Ich habe das Bild in den Zeitungen gesehen, diesen krampfhaften Händedruck zwischen Schuschnigg und Hitler.

Also, ich war schon lange vorbereitet. Ich habe auch etwas Geld in der Schweiz gehabt, und dort haben sie mich schon sechs Monate vorher gewarnt. Die wussten das schon viel früher als manche Leute in Österreich. Wenn Sie erfolgreich sind, wenn Sie schon mehr gespielt worden sind als Robert Stolz, wenn Sie ein junger Komponist sind, der in fünf verschiedenen Theatern aufgeführt wird, und ich habe noch einen Vertrag mit der Staatsoper gehabt. Ich habe ein Stück geschrieben – ein Musical –, das hat

„Heinrich der Achte" geheißen. Das war schon mit Richard Tauber besetzt und ... sie sagen: „Das gibt es nicht! Das gibt es nicht! Das kann nicht sein!", und wenn es ist, haben sie gesagt: „Das wird nicht so arg werden!" Aber das ist nichts Neues, was ich Ihnen erzähle. Es war unglaublich! Ich persönlich kannte zwei oder drei Leute, die zwei Tage vor dem Einmarsch alles stehengelassen haben, ihre ganzen Wohnungen und alles, und nur raus sind. Die sind in die Schweiz oder nach Schweden oder nach England oder nach Frankreich – ohne Schwierigkeiten.

In Österreich konnte man nie etwas Genaueres erfahren. Ich habe nicht viele Zeitungen gelesen, ich habe nicht die Zeit gehabt dazu. Ich habe nur einen Freund gehabt, der Journalist und bei einer Zeitung war, die hat „Freiheit" geheißen. Der hat mir schon gesagt: „Es sieht sehr schlecht aus, es ist alles sehr schwer."

Also, viele Leute wollten es nicht glauben. Sie sind ganz einfach sitzen geblieben. Es war noch möglich, vielleicht drei Tage nach dem Einmarsch über die Grenzen zu kommen. Aber ich bin absichtlich nicht gegangen – ich habe ja alles vorbereitet gehabt. Ich habe schon mein kleines Geld in der Schweiz gehabt, nicht viel, aber doch.

Aber ich konnte ganz einfach nicht weg, ich musste alles erledigen, sodass meine Eltern geschützt sind. Ich habe meine Ersparnisse herausgenommen aus der Sparkasse und habe es im Kasten versteckt. Also, wir haben eigentlich keine Belästigung gehabt. Ja, natürlich, mein Vater musste das Geschäft verkaufen. Er war ein ganz gewöhnlicher Arbeitertyp. Er ist in der Schnellbahnhalle gestanden und hat mit den Arbeitern Wein getrunken. Er hat sein eigenes kleines Haus in Mauer bei Wien aufgebaut. Täglich um sechs Uhr aufgestanden, auch am Samstag und Sonntag. Er hat natürlich im Ottakringer Dialekt geredet, weil er dort mit seinen Brüdern aufgewachsen ist, und so hat er halt geredet. Ein typischer Wiener. Geliebt von der Polizei. Ich habe ja auch Freunde bei der Polizei gehabt. Vielleicht ist alles Bestimmung. Ich glaube an eine Philosophie, dass es sozusagen eine Bestimmung ist, wenn gewisse Menschen herauskommen konnten und andere ganz einfach schuldlos verbrannt worden sind. Vergast, ermordet, erschossen. Leider denke ich nicht sehr viel daran.

Ich habe Wien und Österreich niemals vergessen. Ich war dann von 1944 bis 1952 in Hollywood, hatte bei Metro-Goldwyn-Mayer einen Vertrag und habe Filmmusik geschrieben. Damals waren Otto Preminger, Josef Pasternak und Billy Wilder dort, die schon etwas früher rausgegangen sind. Die haben es vielleicht schon besser vorausgeahnt als ich und viele andere.

Aber nachdem Österreich oder Wien, wie man sagt, befreit wurde, habe ich an alle meine lieben Freunde gedacht und habe sofort CARE-Pakete, also Hilfspakete geschickt, von Hollywood aus. Es sind 50 hinausgegangen – mit Kaffee, mit Zucker, mit allem. Zu Bernhard Herzmansky, zu Leuten, Freunden, zu Komponisten, Musikern, die ich gekannt habe, obwohl sie bei der Partei waren. Manche waren bei der Partei. Ich habe das gar nicht ernst genommen. Ich habe mir gedacht, das ist nicht Idealismus, das ist Gelegenheit, sie nützen die Gelegenheit, aber das waren anständige Menschen, die immer gut zu mir waren, denen habe ich CARE-Pakete gesandt.

Fritz Rotter, ein ganz berühmter Textdichter, „Ich küsse Ihre Hand, Madame" und „Wenn der weiße Flieder wieder blüht", hat in Hollywood gelebt und Screenplays geschrieben. Er hat gesagt: „Fritz, Wien ist befreit worden. Ich möchte gern mit dir ein Lied schreiben über Wien." Folglich haben wir ein Lied über Wien geschrieben. Die englische Fassung hat „Spring Came Back to Vienna" geheißen. So, that was my song about Vienna in 1946. Mein Gefühl hat sich nicht geändert. Es zieht mich immer wieder nach Wien – die schönen Gebäude, meine Oper, meine Ringstraße, mein Beethovenhaus, Schuberthaus, Wienerwald, Österreich. Aber die Menschen haben nichts gelernt. Als ich das erste Mal nach Wien gekommen bin, 1970, konnte ich nicht unerkannt auf der Straße gehen, nachdem ich bei Heinz Conrads in seiner Fernsehsendung war.

Ich weiß nicht, in meiner Zeit habe ich den Antisemitismus nicht gefühlt und nicht gekannt. Ich habe nicht sehr viele jüdische Freunde gehabt in Österreich. Ich bin damals aufgetreten im „Varieté Licht". Dort habe ich meine Schlager gesungen: „Ein Mäderl aus Mödling, ein Bursche aus St. Veit, die kommen nicht zusammen, der Weg ist zu weit."

Ich habe populäre Lieder geschrieben. Ich habe keinen Unterschied gemacht zwischen Christen, Mohammedanern oder Menschen mit jüdischem Glauben. Menschen! Ich war jetzt erst wieder im Mai in Wien, aber ich habe die Menschen nicht erkannt.

Dabei habe ich gute Freunde! Ich meine Gottfried Heindl, der vorher an der Stelle von Peter Marboe war. Das sind lauter Freunde! Gottfried Heindl, Helmut Zilk, den ich immer noch Freund nenne, der sich immer sehr bemüht hat. Robert Jungbluth, der sich als wirklich aufmerksamer großer Freund bewiesen hat. Ich kann viele aufzählen. Aber das ist nicht Österreich! Ich habe immer gesagt, man kann nicht alle in einen Topf werfen, aber es hat mich sehr traurig gemacht – trotz alledem.

Ich habe in Wien vielleicht nur ein oder zwei jüdische Bekannte. Ich bin immer eingeladen worden. Ich wohne bei Jugendfreundinnen, die nicht mehr Pupperln sind, jetzt. Ich wohne gerne bei Freunden, ich lebe nicht gerne im Hotel. Wenn ich ankomme, muss es schon serviert sein, mein vegetarisches Dinner. Ich esse keine Schinkenfleckerl mehr.

Ich meine, es wird alles möglich gemacht, aber trotz alledem … Und es zieht mich immer wieder nach Österreich, aber ich sollte wirklich daran denken, dass Menschen so grausam waren und ganz einfach unschuldige Leute ermordet haben, und ich schließe meine Augen. Ich weiß nicht, was es ist. Es ist genau so, als ob eine Frau ihren Mann betrogen hat mit anderen Männern, und er trotzdem verliebt ist in sie und ihr verzeiht. Was hat Jesus Christus gesagt: „Verzeiht, sie wissen nicht, was sie tun!" Haben die gewusst, was sie tun? Ich weiß nicht, ich habe keine Ahnung.

Gottfried Heindl hat einmal gesagt: „Du bist glücklich, du hast zwei Heimatländer, andere haben nicht einmal eines." Die Geburtsstätte, die Gebäude, die Schule, die Straßen und Gassen sind ein Teil von mir, das kann ich nicht ausradieren. Das geht nicht. Ich werde verurteilt von ehemaligen Österreichern, ob das Christen sind oder jene jüdischen Glaubens: „Wie kannst du dorthin zurückgehen, wo man dich rausgeschmissen hat!" Eine Frau, die den Mann betrügt, der in Liebe ist – ich bin in Liebe mit Österreich. Ich kann es nicht vergessen. Ich kann es nicht.

Wilhelm Stricker

# „Wir waren so leichtgläubig, und wir waren so unschuldig."

## Zur Person

Wilhelm Stricker wurde 1912 in Wien geboren. Er studierte Rechtswissenschaften und war Mitglied der ältesten jüdischen Studentenverbindung „Katimah". Als Journalist arbeitete Stricker zwischen 1935 und 1938 bei der Wiener Tageszeitung „Telegraf". Stricker engagierte sich in der zionistischen Bewegung und war Redakteur der „Jüdischen Zeitung" und der „Jüdischen Morgenpost" in Wien. 1938 konnte Stricker Österreich verlassen und erreichte im Februar 1939 an Bord des Schiffes „De Grasse" New York. In der Emigration knüpfte er an seine journalistische Laufbahn an und arbeitete für die Radionachrichten des „Office of War Information". Stricker starb im Jahre 2006.

*

Ich bin in Wien geboren und bin in Wien in die Schule gegangen, habe im Wintersemester 1931 in Wien Rechtswissenschaften zu studieren begonnen. Im Wintersemester 1932 bin ich dann nach Prag gegangen und habe dort an der Karls-Universität zu Ende studiert. Mein Vater war Miteigentümer des „Telegraf" in Wien. Das war eine Nachmittagszeitung. Und da war eine Stelle eines Korrespondenten in Prag frei. Eigentlich wollte ich von zu Hause weg. Dieser Posten in Prag kam mir sehr gelegen. Mein Vater hat gesagt: „Ja, das kannst du bekommen, aber du musst dort zu Ende studieren." Also habe ich das Studium nicht aufgegeben. 1935 bin ich wieder nach Wien zurück und habe dann bei der

Zeitung gearbeitet, bis zum Jahr 1938. Ich erinnere mich, dass der Antisemitismus schon damals spürbar geworden ist. Schon 1931 war auf der Universität in Wien eine regelrechte Judenhatz. Jeden Mittwoch haben die uns aus dem Hörsaal geprügelt. Also, der Hörsaal 33 war der große Hörsaal auf der juridischen Fakultät, und jeden Mittwoch war da Judenhatz.

Schon 1931. Und jeden Samstag beim „Bummel" sind die jüdischen Studenten aus der Aula hinausgeprügelt worden.* Warum sind wir überhaupt in die Aula gegangen? Wir hätten ja einfach am Samstag nicht hingehen müssen. Das war natürlich eine Ehrensache, denn wir wollten zeigen, dass wir keine feigen Juden sind, sondern dass wir genauso mutig sind wie die anderen und mehr noch. Wir wollten unsere Berechtigung, dort zu sein, beweisen. Also wurden wir jeden Samstag aus der Aula der Universität hinausgeprügelt. Die jüdische Studentenschaft hat ein Selbstwehrkomitee gehabt, und da haben wir zur Verstärkung gelegentlich Nichtstudenten, also Boxer und Ringer der „Hakoah" und sonstige jüdische Arbeiter in die Aula hineingeschmuggelt, da gab es dann riesige Prügeleien.** Und wenn die dann so arg waren, da musste sogar der Rektor einschreiten und entweder die Polizei hereinrufen oder die deutsche Studentenschaft zusammenrufen

---

* Der sogenannte „Couleurbummel" fand jeden Samstag in der Aula der Universität statt. Dabei trafen sich die Studenten deutsch-nationaler Verbindungen zum „Bummel". Es war dies eine Machtdemonstration, man zeigte „Farbe" und trug die Couleurbänder, die die Zugehörigkeit zu einer Korporation angaben. Bei diesen „Bummeln" kam es regelmäßig zu Stänkereien, Anpöbelungen und Raufereien mit anderen Studenten, insbesondere katholischen Studentenverbindungen, die ebenfalls farbige Bänder trugen. Während die einen die „Wacht am Rhein" grölten, antworteten die anderen mit der habsburgischen Kaiserhymne. Die Unruhen nahmen solche Ausmaße an, dass etwa im Jahre 1902 und später immer wieder der „Bummel" verboten werden musste.

** Die „Hakoah" (hebräisch „Die Kraft") wurde 1909 in Wien als Sportverein mit zahlreichen Sektionen gegründet. In der Saison 1924/25 wurde „Hakoah" österreichischer Fußballmeister. Besonders erfolgreich waren die Wasserballer der „Hakoah", die nicht nur Staatsmeister wurden, sondern in der

und denen sagen, dass jetzt ein paar Wochen lang Ruhe sein müsse. Daran haben sich alle mehr oder minder gehalten.

Die Universität war damals der einzige Platz, wo die Nazis Uniform tragen konnten, SA-Uniformen. Sonst galt ja ein Uniformverbot. Die Universität galt doch als exterritorial. Die Hochschule hatte eine vollständige Autonomie, und da haben Gesetze nicht gegolten. Die Nazis und die deutsch-nationalistische Studentenschaft haben uns verprügelt, und auch die katholischen CVer wurden hie und da verprügelt. Die Christlichsozialen waren ja damals auch Gegner der Nazis.

Die Sozialdemokraten waren nicht zu sehen. Das ist natürlich auch typisch österreichisch und wienerisch. Ich habe eine Erinnerung, die ich nie in meinem Leben vergessen kann. Wir haben, wie gesagt, Nichtstudenten hereingeschmuggelt, um größere Prügeleien zu provozieren. Ich war selbst im Selbstwehrkomitee des jüdischen Hochschulausschusses. Diese Gruppen nannten sich „Hagana-Komitees". „Hagana" ist der hebräische Ausdruck für Selbstwehr. Und da haben wir eine Sitzung mit den sozialistischen Studenten im „Café Landtmann" vereinbart – wenn ich 150 Jahre alt werde, werde ich das nie vergessen. Da waren wir vielleicht acht oder zehn jüdische Studenten, und wir gingen ins Kaffeehaus, und da saßen die Vertreter der sozialistischen Studenten. Dort haben wir denen gesagt: „Ja sagt, könnt ihr uns nicht doch einmal helfen und ein paar Schutzbundleute organisieren und die in die Aula mitbringen, damit das nicht so eine einseitige Sache ist?" Und das ist eben, was ich nie vergessen werde. Da saß dort so einer der Sprecher, war so ein Kreisky-Typ – ich werde Ihnen

---

Weltklasse mitspielten. Friedrich Torberg, ein Alt-Hakoahaner, setzte den Wasserballern in seinem Roman „Die Mannschaft" ein literarisches Denkmal. 1938 wurde der jüdische Sportverein aufgelöst und erst 1945 wiedergegründet. In New York trafen sich emigrierte Sportler der „Hakoah" regelmäßig zu einem Stammtisch. Dem Autor des Buches wurden 1995 als Gast am Stammtisch im Restaurant „Goulasch" auf der Upper Eastside Schnurren über die ruhmreiche Vergangenheit der jüdischen Sportler erzählt.

erklären, was ich darunter verstehe: Kreisky-Typ ist so ein wohlgenährter Sozialist, ein wohlgenährter Junge, wahrscheinlich aus
gutbürgerlich jüdischem Haus – und der hat uns angeschaut und
gesagt: „Ja, meine Herren, das können wir nicht machen. – Meine
Herren, das ist euer Kampf, das ist nicht unser Kampf."

„Diese Nazis zu bekämpfen ist euer Kampf." Das ist natürlich
die Linie der österreichischen Sozialdemokraten gewesen. Ich
weiß nicht, ob Ihnen das bekannt ist, aber im Jahre 1891 wurde
auf einer Tagung der 4. Internationale in Brüssel eine Resolution
eingebracht, den Antisemitismus zu verurteilen. Und die österreichischen Sozialdemokraten, geführt von Friedrich Adler, waren
dagegen.

Der Grund war, und das hat bis zu unserer Zeit angehalten:
Die Sozialdemokraten haben geglaubt, der Antisemitismus würde
ihnen nützen. Denn wenn Juden in Gefahr wären, könnten sie
sich nur an die Sozialisten wenden. Und dann gab es den fatalen
Irrglauben, in einem sozialistischen Staat, in einer sozialistischen
Gesellschaft könne es keinen Antisemitismus geben. Und das war
auch noch im Jahre 1931 so. Die haben noch daran geglaubt. Und
später auch noch. Denn die Sozialisten waren antizionistisch, die
„Arbeiter-Zeitung" war gegen die Zionisten. Da gab es Artikel,
die fast antisemitisch waren. Also, wie gesagt, das sind meine Erinnerungen an das Wien vor 1938.

Ich habe als ein gewöhnlicher Reporter in der Zeitung begonnen. Ich habe alles gemacht. Ich habe hauptsächlich im Ressort
Außenpolitik gearbeitet. Ich kann mich erinnern, da waren die
Italiener, der italienische Einmarsch in Abessinien, oder ich habe
die Geschichten von den Nachrichtenagenturen und von den aus-
ländischen Zeitungen abgeschrieben.*

---

\* Am 3. Oktober 1935 begann das faschistische Italien von der italienischen
Kolonie Eritrea aus den Angriff auf das Königreich Abessinien/Äthiopien.
Italien hatte für diesen Angriffskrieg mehr als 330.000 Soldaten zusam-
mengezogen. Trotz einer eklatanten militärischen Überlegenheit geriet der
Angriff im gebirgigen Teil Äthiopiens ins Stocken. Nur durch massive

Obwohl ich bei einer Zeitung als Journalist gearbeitet habe, dachten wir nicht daran, dass Hitler tatsächlich einmarschieren wird. Wir haben es nicht geglaubt. Wissen Sie, wir waren so leichtgläubig, und wir waren so unschuldig. Wir haben uns zu sehr auf die Westmächte verlassen. Wir haben uns zu sehr auf Mussolini verlassen. Wir haben uns immer daran erinnert, dass im Jahr 1934, als Dollfuß ermordet wurde, Mussolini zu Hitler gesagt hat: „Du darfst nicht mehr weiter. Du kannst nicht einfach Österreich kassieren."

Damals, im Jahr 34, hat Mussolini Österreich gerettet. Und wir haben uns darauf verlassen. Wir haben uns nicht vorstellen können, dass die Welt das erlauben kann. Und wir haben zum Beispiel im Herbst 1937 eine neue Zeitungs-Rotationsmaschine in der Schweiz für die Druckerei bestellt. Weil wir nicht daran glauben konnten, dass es wirklich zu einem Einmarsch der Deutschen in Österreich kommt. Ich kann mich erinnern, ich war schon damals bei der Zeitung, dass sie gesagt haben, die Alliierten würden das ja nie zulassen. Wir hatten so ein paar Aufpasser der Regierung in der Zeitung, den Gustav Canaval, der war selbst im Konzentrationslager, der war sieben Jahre in Dachau. Ihm ist nichts passiert, weil er Nichtjude war. Der wurde dann, nachdem er rausgelassen worden war, Chefredakteur bei den „Salzburger Nachrichten".*

Bombenangriffe der Luftwaffe und dem verpönten Einsatz von Giftgas auch gegen die Zivilbevölkerung konnte Mussolinis Italien das Königreich Äthiopien im Mai 1936 besiegen. Der italienische König Viktor Emanuel III. wurde zum „Kaiser von Äthiopien" ernannt. Durch die unerwartet große militärische Anstrengung und die Konzentration aller militärischen Kräfte in Afrika wurde Italiens militärische Position in Europa und auch gegenüber Hitlers Deutschem Reich geschwächt.

* Max Dasch und Gustav Adolf Canaval erhielten 1945 von den US-Behörden die Lizenz zur Herausgabe einer Zeitung, der „Salzburger Nachrichten". Dasch war zu diesem Zeitpunkt Eigentümer der „Salzburger Druckerei". Dr. Gustav Canaval, gelernter Staatswissenschafter und Nationalökonom, war Journalist bei der „Reichspost", Herausgeber der „Tagespresse" und von 1936 bis 1938 Chefredakteur des „Wiener Telegraf".

Canaval war ein christlichsozialer Antinazi. Und ich kann mich erinnern, wenn wir da so mit ihm im Kaffeehaus gesprochen haben, hat er gesagt: „Die Alliierten können das nicht zulassen. Und außerdem werden die Italiener uns genauso beistehen wie im Jahre 34." Da dachten wir: „Woher hat er das?" Er war der Vertreter der Regierung in der Zeitung. Er ging im Kanzleramt aus und ein. Da muss ja etwas dran sein? Uns war nicht bewusst, was da kommt. Und das haben wir sogar zu Beginn des Jahres 1938 geglaubt, wo es dann wirklich arg zugegangen ist. Da gab es viele Nazibombenanschläge.

Der „Telegraf" war damals die einzige große Nachmittagszeitung. Es gab zwar noch „Die Stunde", aber die ist eingegangen. „Die Stunde" und „Der Tag" wurden von der tschechischen Regierung herausgegeben, beide Zeitungen waren aber wirtschaftlich nicht erfolgreich. So blieben der „Telegraf" und das „Echo" die einzigen Nachmittagszeitungen. Der „Telegraf" war eine mehr rechts gerichtete Zeitung, aber es musste sie ja sein, sonst hätten wir nicht erscheinen können. Unter Dollfuß und Schuschnigg war ja eine sehr starke Selbstzensur und, wie gesagt, die hatten einen Vertreter der Regierung in der Redaktion sitzen, der darauf aufgepasst hat, dass die Leitartikel und der ganze Ton der Zeitung im Sinne der Regierung waren.

Am Freitagabend haben wir natürlich Radio gehört. Und ich bin nach der Schuschnigg-Rede auf die Straße gegangen, um mir anzuschauen, was da los ist. Ich bin mit einem Freund, der auch bei der Zeitung gearbeitet hat, den Ring entlanggegangen. Da ist es uns zum ersten Mal zu Bewusstsein gekommen, als wir das schlechte Benehmen der Polizisten mit den Hakenkreuzbändern gesehen haben. Da haben wir gesagt: „Das ist das Ende." Vor dem Bundeskanzleramt am Ballhausplatz waren keine Soldaten mehr. Normalerweise gab es ein besonderes Regiment, das den Kanzler bewachen sollte. Und das war weg. Da waren keine Soldaten mehr. Auf der Freyung war das Hauptquartier der „Vaterländischen Front". Da war niemand mehr dort. Da haben wir gesagt: „Du, das kann nicht gut ausgehen."

Ich ging dann nach Hause und später ins Kaffeehaus, meinen Vater abzuholen – mein Vater und meine Mutter waren im „Café de France". Und dann gingen wir nach Hause. Ja, mein Vater wollte nicht weg. Der Kompagnon meines Vaters hat also schon am Freitagabend ein Taxi organisiert und wollte mit meinem Vater nach Budapest. Mein Vater hat gesagt: „Nein." Mein Vater war in der jüdischen Gemeinde Wiens, und er hat gesagt: „Ich kann nicht beim ersten Zeichen der Gefahr davonlaufen." Und meine Mutter und ich haben ihn gedrängt: „Um Gottes Willen, fahr doch! Geh doch weg. Du kannst doch wieder zurückkommen." – „Nein, ich laufe nicht davon. Das ist nicht würdig, und das kann ich nicht tun. Mir wird schon nichts passieren."

Wir wussten ja nicht, wie schlimm es werden würde. In Deutschland, na gut, da haben sie Fensterscheiben der jüdischen Geschäfte eingeschlagen. In Wien war es viel schlimmer. Als die Grenzen geöffnet wurden, sind viele Juden aus Wien, die Geld gehabt haben, nach Berlin gefahren. Die österreichische Ausgabe des „Völkischen Beobachters" hat im April geschrieben, dass es das Ziel der Nationalsozialisten sei, Wien bis zum Jahre 1944 „judenrein" zu machen. Und der Kommentar war, dass das viel zu lange dauern würde. Es müsse schneller gehen. Während die Nazis in Deutschland die Bevölkerung gegen die Juden aufhetzen mussten, mussten sie in Wien die Leute zurückhalten, aus wirtschaftlichen Gründen.

Mit der wilden Arisierung haben sie natürlich alles zugrunde gerichtet. Unsere Zeitung, zum Beispiel: Die haben unsere Zeitung übernommen, aber nach drei Monaten ist die Zeitung freileich eingegangen, und die Druckerei wurde zugesperrt. Und da gab es eine ganze Reihe mehr Arbeitslose. Also, die Nazis mussten die Wiener zurückhalten.

Die Zeitung war natürlich nur ein idealer Wert, aber der wirkliche Wert war die Druckerei. Und die hat eine Grazer Firma

aus dem Konkurs gekauft. Wir haben dann nach dem Krieg geklagt, durch drei Instanzen. Die Gerichte haben entschieden, dass
die Druckerei nicht wissen konnte, dass es sich da um ehemaligen
jüdischen Besitz gehandelt hat. Das ist natürlich irrsinnig. Jeder
Mensch in Österreich hat gewusst, dass der „Telegraf" und die
Druckerei in jüdischem Besitz waren. Aber das war die Entschei-
dung, daher haben wir nie etwas bekommen. Aber bitte. Schauen
Sie, das Geld ist es nicht. Wer kann Leben ersetzen? Wer kann das
Leben meiner Eltern, meiner Verwandten ersetzen? Wer kann
mein Leben ersetzen?

Am 12. März, am Samstag, bin ich mit meinem Vater in das
Büro in der Universitätsstraße gegangen. Mein Vater wurde sofort verhaftet und war zuerst in Dachau und dann in Buchenwald,
insgesamt ein Jahr in Dachau und in Buchenwald. Mir haben sie
gesagt: „Raus, Saujud!" und haben mich rausgeschmissen. Die
Leute, die zu mir noch am Vortag sehr freundlich waren, waren
alle dort mit dem Hakenkreuz oder in SA-Uniform. Also, das ist
natürlich sehr vielen Leuten passiert. Ich hatte sehr, sehr viel
Glück, denn mich haben sie nicht verhaftet. Zu mir haben sie
gesagt: „Raus, Saujud!"

Freunde haben mir geholfen, schon Mitte April nach Prag
auszuwandern. Hauptgrund war, dass ich natürlich in Wien
nichts anfangen und dass ich für meinen Vater nichts tun konnte.
Die Post war zensuriert, und ich musste aufpassen. Mein Vater
war sehr aktiv in der zionistischen Bewegung, er war Vizepräsi-
dent der jüdischen Kultusgemeinde, er war politisch sehr aktiv, er
hat sehr viele Freunde auch im Ausland gehabt.

1919 wurde er als Vertreter der Jüdischen Nationalen Partei
in die konstituierende Nationalversammlung gewählt.* Das hat
es auch gegeben. Der einzige Vertreter der Jüdischen Nationalen

---

* Dr. Robert Stricker, Vater von Wilhelm Stricker, war der einzige jüdische
  Landtagsabgeordnete in Wien in den 20er-Jahren. In Tel Aviv ist eine Straße
  nach ihm benannt.

Partei. Er war auch nachher noch politisch sehr engagiert, aber nur in der jüdischen Politik. Mein Vater war ja Miteigentümer des „Telegraf", einer zionistischen Zeitung. Also, wie gesagt, ich ging nach Prag und habe auch dort journalistisch für eine amerikanische Agentur gearbeitet. Im Feber 1939 gingen wir dann nach Amerika.

Mein Vater war ein Jahr in Dachau und Buchenwald. Dann haben sie ihn herausgelassen, und sadistisch, wie die waren, mussten mein Vater und meine Mutter alle sechs Monate in das Gestapo-Hauptquartier auf den Morzinplatz gehen und ein Gesuch unterschreiben, um in Wien bleiben zu dürfen. Ich war dann schon hier und habe durch unsere Freunde Visa für meine Eltern verschafft, und dann hatten sie sogar ein Zertifikat, nach Palästina gehen zu können. Aber die Gestapo hat sie nicht herausgelassen. Da waren mein Vater und einige andere führende jüdische Funktionäre der Kultusgemeinde, etwa Dr. Desider Friedmann. Die Nazis haben diese Wahnidee gehabt, dass sie diese Juden als Kleinstgeiseln behalten, um sich gegen die „jüdische Weltverschwörung" zu schützen. Dann, im Jahr 1942, wurden mein Vater und meine Mutter nach Theresienstadt geschickt und im Oktober 1944 in einem der letzten Transporte nach Auschwitz gebracht. Dort wurden sie ermordet. Genauso wie 28 Verwandte, also Cousins, Tanten, Onkel und so weiter, die auch umgebracht wurden.

Mein Schicksal hier in Amerika war so wie das aller anderen. Ich habe hier als Lagerarbeiter und Verkäufer begonnen. Es war so etwas wie ein Woolworth Store. Das habe ich so ungefähr ein Jahr gemacht, dann bin ich wieder zurück zu einer Zeitung. Mein erster Job war in der Außenredaktion einer jüdischen Zeitung. Die hat „The Day" geheißen. Dort war ich zirka ein Jahr, dann hat mir eine Bekannte einen Job in einer amerikanischen Zeitung verschafft. Ich habe natürlich Englisch in der Schule gelernt, und dann haben mich meine Eltern, als ich noch in der Mittelschule war, nach England geschickt. Aber es hat eineinhalb Jahre gedauert, bis ich wirklich genug Englisch gekonnt habe, um in einer amerikanischen Zeitung einen Job zu bekommen. Mein erster Job war in der „New York Post", die es heute noch gibt.

1942 ging ich dann ins „Office of War Information", die „Stimme Amerikas". Dort war ich zwei Jahre, ehe ich in die Armee eingezogen und nach Europa geschickt wurde. Ich war in einer Einheit für „psychologische Kriegsführung", also auch im Radio und in der Presse. Zuerst in London, in Luxemburg und dann in Deutschland, in Berlin nach 1945. Und dann, im Oktober 1945 bis Juni 46, war ich in Nürnberg. Die amerikanische Militärregion hatte eine Nachrichtenagentur, die hat „DENA" geheißen, „Deutsche Allgemeine Nachrichtenagentur", und ich war der Chef der „DENA". Zuerst war ich im Berliner Büro, und dann war ich Chef ihres Büros bei den Kriegsverbrecherprozessen in Nürnberg.\*

Heimat? Österreich ist nicht die Heimat. Wenn man so behandelt wurde, wie wir behandelt wurden, kann man das nicht als Heimat ansehen. Zurückgehen, um dort zu leben – also, ich war zurück, nicht? Ich war in Luxemburg, als gerade der Krieg zu Ende war. Im Juni 1945 bin ich das erste Mal nach Wien zurück, aber nur auf Besuch, um mich umzuschauen. Ich habe Bitterkeit gefühlt.

Schauen Sie, irgendwie fragen Sie sich bei jeder Person meines Alters, die Sie in Österreich oder auch Deutschland treffen: „Was hast du zwischen 1938 und 1945 gemacht? Warst du dort in Auschwitz, hast du meine Mutter in die Gaskammer hineingeschoben?" Das kann man absolut nicht loswerden. Das bleibt einem, so lange man lebt, das bleibt einem immer im Bewusstsein. Das habe ich auch im Jahr 1951 gefühlt, als ich nach Öster-

---

\* Die Nürnberger Prozesse gegen die nationalsozialistische Führung fanden zwischen November 1945 und Oktober 1946 vor einem internationalen Militärgerichtshof in Nürnberg statt. Bis 1949 folgten zwölf weitere Nachfolgeprozesse vor US-Militärgerichtshöfen.

reich zum Sender „Rot-Weiß-Rot" gekommen bin. Der wurde von der US-Armee geleitet. Und bei uns galt das Sprichwort, man kann Sachen auf dreierlei Arten machen: die richtige Art, die falsche Art und die Armee-Art. Also, Radio „Rot-Weiß-Rot" wurde auf „Armee-Art" geführt. Das war fürchterlich. Dort wurde ich mit dem Auftrag hingeschickt, aus dem Sender eine ordentliche Station zu machen, der die Leute auch zuhören, und sie dann langsam den Österreichern zu übertragen, in Vorbereitung des Staatsvertrags. Ich habe da also einige Sachen bei „Rot-Weiß-Rot" eingeführt, die waren große Erfolge in Österreich, zum Beispiel die „Radio-Familie" oder die stündlichen Nachrichten. Dann habe ich eingeführt, dass die Nachrichten und alle anderen Programme, wenn sie um 19 Uhr beginnen, pünktlich um 19 Uhr beginnen und nicht um 18:56 Uhr oder 19:07 Uhr.

Und dann habe ich ein Programm eingeführt, das es noch heute gibt. Politisches Kabarett. Das war natürlich eine Wiener Eigenheit, und Ironie ist die stärkste politische Waffe. Qualtinger war noch nicht auf der Bildfläche. Aber wir hatten damals ein Programm, das Sie heute noch haben: „Der Gugelhupf". Nur damals hat es „Der Watschenmann" geheißen, und das haben Jörg Mauthe und Peter Weiser gestaltet. Die waren die Ersten, die so etwas gemacht haben. Also, das existiert heute noch.

Ich hatte bloß ein temporäres Assignment. Nur vom Jänner bis Oktober 1951. Meine Frau war nicht mit nach Wien gegangen. Meine Frau ist Ärztin und hat eine Praxis in New York und unterrichtet hier. Sie ist zwar auch Österreicherin, aber sie wollte nicht mit.

Ich kam dann zurück hier in meinen normalen Job bei der „Stimme Amerikas". In Wien hatte ich immer dieses schlechte Gefühl, diese Bitternis. Eltern sterben, das ist das Normale, aber wenn Sie sich dann vor Augen halten – und das kommt einem immer vor Augen –, wie sie gestorben sind! Wenn einer im Bett stirbt, bei einem Herzschlag, bei einem Schlaganfall oder von einem Automobil überfahren wird, na schön. Traurig, wenn das passiert. Aber das Fürchterliche ist für mich diese Entwürdigung. Man hat die Menschen nicht würdig sterben lassen. Das verfolgt einen sein ganzes Leben lang, und das kann man den Leuten nicht vergessen. Ich habe nie daran gedacht, wieder auf Dauer nach Österreich zurückzukehren. Obwohl, damals im Jahr 51, war ich der Besetzer, da sind sie natürlich alle auf dem Boden gekrochen. Ich war der Herr Direktor von „Rot-Weiß-Rot". Aber das ist mir nie in den Sinn gekommen.

Wissen Sie, wenn wir mal zum Heurigen gegangen sind, ist mir schlecht geworden. Diese Gemütlichkeit. Mit derselben Gemütlichkeit haben sie meine Eltern und meine Verwandten umgebracht. Und es ist mir nie, nie eingefallen, je nach Wien zurückzukehren. Außerdem, um ehrlich zu sein, hatte ich 1951 schon so Fuß gefasst, dass ich New York als meine Heimat und mein Land betrachtet habe. Es gibt da einen Satz, der sehr treffend ist: „Vergessen kann ich nicht, das ist beyond my capacity, das ist über meine Möglichkeiten. Verzeihen ist nicht meine Aufgabe, das ist die Aufgabe der sechs Millionen, die umgebracht wurden." Und das ist so, wie wir alle fühlen.

Und diese Sache, dass die Österreicher das erste Opfer waren. Keiner glaubt daran, der dort war. Diese drei, vier Wochen im April, solange ich noch in Wien war, diese Erfahrungen, wie die uns angespuckt haben, am Samstag, als wir da ins Büro gegangen sind. „Raus, Saujud!", und sie haben uns angespuckt, richtig angespuckt. Das kann man nicht vergessen. Es ist die Entwürdigung, die kann man nicht vergessen.

Frederick Ungar

# „Ich glaube, die Muttersprache ist die wirkliche Heimat."

## Zur Person

Frederick (Fritz) Ungar wurde am 5. September 1898 in Wien geboren. Er gründete 1926 den „Saturn-Verlag" und führte ihn erfolgreich bis zum März 1938. Das Unternehmen wurde von einem Mitarbeiter des Verlages, dem reichsdeutschen Schriftsteller Theo L. Goerlitz, „arisiert". Das Verlagsprogramm bestand hauptsächlich aus sogenanntem „unerwünschten" Schrifttum. Fritz Ungar konnte 1938 über Prag ausreisen, weil er ein Visum nach China vorweisen konnte. In New York gründete Frederick (Fritz) Ungar 1940 die „Frederick Ungar Publishing Company", die zu einem der größten Verlagshäuser in Amerika werden sollte. Er publizierte in den USA unter anderem Werke von Thomas Mann, Erich Fromm und Johann Wolfgang von Goethe. Ungar übersetzte auch zahlreiche Werke der deutschen Literatur. Drei Jahre vor seinem Tod verkaufte er sein Verlagshaus, arbeitete aber weiterhin als Übersetzer. Frederick Ungar starb 1988 in Scarborough, New York.

*

Meine Generation hat ja zu viel Geschichte erlebt. Kaiser Franz Joseph I., Karl I. Zwei Kaiser. Und einen Hitler.

Ich erinnere mich, als der alte Kaiser gestorben und der neue gekommen ist, war ich in der Offiziersschule in Bruck an der Leitha. Ich war schon im Ersten Weltkrieg eingerückt, aber ich bin nicht sehr lange geblieben. Ich habe angeblich Schwierigkeiten mit meiner Niere gehabt. Das hat mich auch gezwungen, unter einem Pseudonym Fußball zu spielen. Denn wenn einer Fußballspielen kann, sollte er auch den Militärdienst leisten können. Ich war ein ziemlich guter Fußballspieler. Das will ich meinen. Goethe hat gesagt: „Das meiste Vergnügen hat man von dem ungebildeten Teil seiner Persönlichkeit." Das hat sich bei mir auf Fußball bezogen. Eigentlich habe ich nur von 1916 bis 1918 ernsthaft gespielt. Dann habe ich mich mit einem Mal abgewendet. Damals gab es schon die „Vienna" und auch „Rapid", die gibt es wahrscheinlich beide noch. Aber „Wacker" oder „Sportclub Rudolfshügel", die sind verschwunden? Ich habe zumeist links innen gespielt.

Damals hat man mit fünf Stürmern gespielt. Ich war also linker Innenstürmer. Meine Karriere war aber nur kurz, statt Fußball habe ich einen Verlag gegründet, und als die Nazis gekommen sind – sie waren ja vorher einige Jahre schon in Deutschland an der Macht –, sind sie in das Gebäude eingezogen, in dem ich meinen Verlag gehabt habe, in der Teinfaltstraße 4. Mein Verlag war der „Saturn-Verlag". Die Nazis haben mich gleich in den ersten Tagen besucht.

Aber ich muss sagen, sie waren nicht unfreundlich. Sie haben von ihren deutschen Kollegen noch nicht gelernt gehabt und waren recht zivil. Sie haben natürlich festgestellt, dass die meisten meiner Bücher nicht mehr akzeptabel sind, aber sie haben mich sonst nicht weiter behelligt. Man hat gewusst, dass die deutschen Truppen an der Grenze sind, und nach diesem Schuschnigg-Besuch bei Hitler in Berchtesgaden konnte man nichts Gutes erwarten. Es war natürlich dennoch ein Schock. Ich kann nur vermuten, dass ich Angst hatte, aber direkt daran erinnern kann ich mich eigentlich nicht.

Aber die Frage, wie kann man da raus, wurde natürlich mit Freunden und in meiner Umgebung diskutiert. Es war das Gesprächsthema. Wie kann man die Flucht organisieren? Das war die Hauptfrage, als die Deutschen einmarschiert waren. Bis dahin hat man, wie es in der optimistischen Tendenz des menschlichen Lebens ist, geglaubt, die Dinge würden sich besser entwickeln als erwartet. Man hat die Gefahr nicht ganz so ernst genommen. Viele haben es nicht einmal ernst genommen, als die Nazis schon da waren. Es liegt in der Natur des Menschen. Aber im Grunde war es das beherrschende Thema: Wie kommt man raus und wie schnell?

Ich habe auch Dollfuß verlegt und Bücher von Wilhelm Börner, dem Begründer der „Ethischen Gemeinde" in Wien.* Er hat niemals eine sehr große Gefolgschaft gehabt. Unter Dollfuß hat man seine Bücher nicht verkaufen können – der Buchhandel hat sie nicht geführt –, aber das war alles. Es hat für den Verleger immerhin keine persönliche Gefahr bedeutet.

Na ja, ich bin dann im Juni fort aus Österreich. Einer der Angestellten hat den Verlag übernommen. Ich habe keinerlei Kompensation bekommen. Angestellte haben ja, glaube ich, eine Vergütung bekommen – nachträglich, aber Selbstständige nicht.

Direkt bedroht hat man mich nicht. Allerdings hat man sich gefährdet gefühlt, und ich habe zumeist nicht zu Hause ge-

---

\* Wilhelm Börner gilt als Begründer der „Ethischen Gemeinde". Er studierte in Wien Philosophie, Pädagogik und Germanistik. In seiner 1918 erschienenen Schrift „Erziehung zur Friedensgesinnung" vertrat der Pazifist Börner die Auffassung, dass eine Kultur, die einen so furchtbaren Krieg hervorbringen konnte, von Grund auf erneuert werden müsse. Börner leitete die „Ethische Gemeinde" von 1921 bis 1938. Erklärter Zweck der „Ethischen Gemeinde" war es, „Wahrhaftigkeit, Gerechtigkeit und Menschenliebe bei denen zu wecken, die guten Willens" sind. Zu den bekanntesten Mitgliedern zählten unter anderem Marianne Hainisch, Rosa Mayreder und Moritz Schlick. Börner, der den Begriff der „weltlichen Seelsorge" prägte, widmete sich auch der Volksbildung, gründete eine „Beratungsstelle für Lebensmüde" und half nach dem Februar 1934 verfolgten Sozialdemokraten. Im März 1938 wurde er von der Gestapo verhaftet, auf Intervention von John L. Elliott, dem Direktor der „Ethical Society" in New York, nach zwei Monaten allerdings wieder freigelassen. Börner musste Österreich jedoch unverzüglich verlassen und emigrierte in die USA.

schlafen, wie auch viele andere. Niemand hat einem das sagen müssen, es lag auf der Hand, dass man nicht bleiben konnte. Meine verarmten Buchdrucker und Buchbinder waren sehr anständig und hilfreich. Ich erinnere mich, einer von ihnen ist mit mir zur Steuerbehörde gegangen, weil er gewusst hat, dass es ohne Begleitung sehr unangenehm sein könnte. Er war natürlich nicht mit dem Herzen bei der Partei, aber aus Sicherheitsgründen hat er schon ein Hakenkreuz angesteckt. Die Frage war klar: „Wie kommt man da heraus?" Das war dann gar nicht so einfach.

Ich habe damals auch Bücher in Prag, in der Tschechoslowakei hergestellt und habe mir gedacht, es wird leichter sein, nach Prag zu gehen. Das war aber nicht der Fall. Ich konnte nur ein Visum in die Tschechoslowakei bekommen, nachdem ich nachweisen konnte, dass ich auch wieder ein Ausreisevisum habe. Und es ist mir gelungen, eines der letzten Visa nach China zu bekommen.

Erst dann bin ich nach Prag gegangen, wo ich einige Monate war. Eine Tante von mir, eine gebürtige New Yorkerin, hat mir ein Affidavit besorgt, aber ich habe über ein Jahr warten müssen, bis das wirksam geworden ist. Es ist mir gelungen, den größten Teil dieser Wartezeit in der Schweiz zu verbringen. Und zwar mithilfe der schwedischen Schriftstellerin Selma Lagerlöf. Eine Freundin von mir hat ihr geschrieben, dass da ein verdienstvoller liberaler Verleger in einer Notsituation sei und ob sie nicht bei der Beschaffung eines Visums in die Schweiz helfen könnte – was sie getan hat.

Ich sollte vielleicht auch sagen, als ich in Prag war, habe ich dort „stehenden Satz" gehabt und Aufträge für Bücher aus Polen und Österreich. Ich habe Sprachlehrbücher für Kinder verlegt. „Lachen und Lernen", „Laugh and Learn", und die habe ich in Prag wieder gedruckt und verkauft, und so habe ich ein bisschen Geld gehabt, denn ich habe ja mit zehn Mark Wien verlassen müssen. Die Konten waren sofort gesperrt.

Ich wurde von den Nazis eigentlich nie verhaftet oder fortgeführt. Es war glücklicherweise ziemlich ereignislos. Ich habe keine persönlichen Angriffe überstehen müssen. Meine Lieferanten waren anständig und hilfreich. Sie haben mich sehr bedauert, und ich erinnere mich noch, ich habe ihnen gesagt: „Ich fürchte, ihr, die ihr hierbleibt, werdet es auch nicht gut haben." Das ist ja auch eingetroffen. Die Leute, die geblieben sind, haben ja Fürchterliches mitgemacht. Aber die Situation hat sich von Woche zu Woche verschlechtert. Nach dem Juni ist die Lage noch viel schlimmer geworden. In diesen wenigen Monaten seit März hat sich die Situation sehr verschärft. Persönliche Übergriffe habe ich nicht erlebt. Das Einzige – ich bin mal mit einem Mädchen gegangen, und da ist uns so eine Gruppe Nazis – halb militarisiert – entgegenmarschiert. Sie sind ruhig weitergegangen, aber sie haben mir den Hut vom Kopf geschlagen – harmlos. Es war offenbar erwartet worden, den Hut abzunehmen vor so einer heiligen Handlung.

Ich muss sagen, ich habe niemals vor dem Einmarsch persönlich etwas vom Antisemitismus gespürt. Ob sich der Antisemitismus in Wien in den ersten Monaten der Naziherrschaft sehr verschärft hat oder ob diese Haltungen schon vorher da waren, kann ich nicht beurteilen.

Ich glaube auch nicht, dass man damals schon geahnt oder gewusst hat, dass alles auf einen Krieg zusteuert. Das glaube ich nicht! Ich glaube nicht, dass das im Allgemeinen bekannt war oder dass die Menschen das befürchtet haben. Natürlich war die Stimmung unter meinen Bekannten insgesamt sehr bedrückt. So habe ich das erlebt. Aber viele ältere Mitglieder der Nazis haben sich gefreut, dass ihre Zeit gekommen ist, und die haben stolz das Hakenkreuz getragen.

Es war nicht einfach, hier in Amerika einen Neubeginn zu wagen. Besitz, Beruf, Freunde, alles war verloren. Ich erinnere mich, ich bin mit 300 Dollar hergekommen. Natürlich waren 300 Dollar damals mehr, als sie es heute sind, aber viel war es auch nicht.

Man konnte bei größter Sparsamkeit vielleicht ein halbes Jahr davon leben.

Ich habe zunächst Bücher gekauft, deutsche Bücher, und habe sie an Bibliotheken verkauft. Dann habe ich eines dieser Sprachlehrbücher neu gedruckt und habe es in einigen Schulen hier – Privatschulen – unterbringen können. Und schließlich habe ich, ich weiß nicht, aber ich glaube, im Laufe der Jahre vielleicht 1500 Bücher herausgebracht. Aber natürlich waren die Voraussetzungen und die Aussichten nicht sehr gut. Für ein Verlagsgeschäft braucht man vor allem Geld, man braucht Verbindungen, man muss in der Sprache sehr zu Hause sein. All die Dinge hat es nicht gegeben. Wie gesagt, man hat Glück gebraucht, und zwar nicht bloß ein bisschen, sondern viel. Ich habe natürlich nicht nur Glück gehabt, sondern auch Misserfolge. Es war nicht einfach, aber unter dem Druck der Notwendigkeit habe ich es geschafft. Es war für mich daher auch undenkbar, nach dem Krieg wieder nach Wien zurückzukehren.

Erstens hat man hier Wurzeln gefasst, und was hätte ich drüben tun können! Und die Erinnerungen waren auch nicht sehr ermutigend. Aber ich war wiederholt in Wien auf Besuch, und zuletzt im Jahre 1980. Da bin ich von der Regierung eingeladen worden aus Anlass der wiedergewonnenen Selbstständigkeit. Da sind etliche frühere Österreicher eingeladen worden. Es ist natürlich ein melancholisches Gefühl, wenn man als Alter in das Land seiner Jugend zurückkehrt. So vieles verändert sich.

Ob ich Österreich heute noch als Heimat bezeichnen würde? Das ist alles nicht so leicht zu beantworten. Ich glaube, in meinem Sinn ist die Muttersprache die wirkliche Heimat. Und viele Leute wollen sie ja geradezu vergessen. Na ja, sie waren mit der Sprache dann wahrscheinlich nicht sehr verbunden. Sprache ist Heimat für mich.

Clementine Zernik

# „Wenn man gescheit und nationalsozialistisch war, war man nicht anständig."

## Zur Person

Clementine Zernik (geborene Bloch) wurde 1905 in Wien geboren. Sie studierte Rechtswissenschaft in Wien und promovierte 1929. Danach war sie bis 1936 als Rechtsanwaltsanwärterin, später als Rechtsanwältin bis 1938 tätig. Sie arbeitete vor allem als Armenverteidigerin und am Jugendgericht. Nach dem Einmarsch der Nationalsozialisten in Österreich wurde sie 1938 aus der Rechtsanwaltskammer ausgeschlossen. Im Juli 1938 emigrierte sie in die Vereinigten Staaten, nachdem sie ein erstes Affidavit im April hatte verfallen lassen, um ihrem Vater, der inhaftiert war, helfen zu können.

Da sie ihren erlernten Beruf aufgrund der völlig unterschiedlichen Rechtssysteme in Mitteleuropa und den USA nicht mehr ausüben konnte, war sie in den Jahren 1938 und 1939 in einer Speditionsfirma in New York tätig, bei der sie durch Zufall eine Anstellung erhalten hatte. Im Anschluss daran absolvierte sie eine Lehrerausbildung, die sie 1941 mit einem „Master of Arts Degree" abschloss. Ab 1940 war Clementine Zernik Generalsekretärin der „Austrian Action". Zu ihren Hauptaufgabenbereichen zählte neben organisatorischen Tätigkeiten vor allem die materielle Unterstützung und juristische Beratung von Emigranten.

In den Jahren 1942 bis 1944 war sie für das „British Information Service" tätig, wo sie unter anderem abgehörte deutsche Radiosendungen übersetzte. Im Jahr 1944 wechselte sie zum

„Office of War Information". Im Juli 1945 kehrte Clementine Zernik nach New York zurück.

Ab 1946 war sie als Direktorin eines sogenannten „Displaced Persons Camps" für die United Nations Relief and Rehabilitation Administration (UNRRA) tätig. Vorübergehend leitete sie in Deutschland auch ein Lager für Kinder. Im Oktober 1948 kehrte sie abermals nach New York zurück und war bis 1975 als Bibliothekarin für die UN-Library tätig. Von 1962 bis 1964 war sie ehrenamtliche Mitarbeiterin des Österreichischen Konsulats in New York. 1975 wurde sie pensioniert. Clementine Zernik lebte bis zu ihrem Tod 1996 in New York City.

*

Ich bin ins humanistische Mädchengymnasium in der Rahlgasse gegangen, also mit Latein und Griechisch. Das ist wirklich eine fantastische Schule gewesen, und ich sage noch heute: Dass ich imstande war, so viele so ganz verschiedene Berufe in Amerika auszuüben, liegt an der Erziehung, am strengen Gymnasium und auch am juristischen Studium. Rechtswissenschaften habe ich eigentlich studiert, weil auch mein Vater Jurist war und wir keinen Buben in der Familie hatten. Ich wurde Rechtsanwältin und Verteidiger in Strafsachen.

Damals musste man von der Promotion an sieben Jahre Praxis haben, teilweise bei Gericht und teilweise bei einem anderen Anwalt, was sehr schwer war in den 30er-Jahren, weil eine solche Arbeitslosigkeit herrschte, dass man kaum einen Anwalt finden konnte, der einen nehmen wollte. Ich bin dann Rechtsanwältin geworden und habe mich hauptsächlich auf Verteidigungen verlegt. Ich habe Glück gehabt, dass mein erster Klient ein Mitglied der sogenannten „Breit-Wieser-Platte" war, einer der berühmtesten Einbrecher in Wien. Dadurch habe ich gleich zu Beginn meiner Anwaltslaufbahn im Jahr 1934 eine gewisse Bekanntheit erlangt.

Wir Jungen haben so angefangen: Die Rechtsanwaltskammer hat eine Liste gehabt und immer wenn einer mit Armenrecht zu

Gericht kam, wurde der Fall dem nächsten Anwalt nach dem Alphabet zugeteilt und die großen Anwälte haben den Fall gegen Bezahlung von zehn Schilling an die Jungen abgegeben. So habe ich angefangen.

Ich habe diesen jungen Mann als Pflichtverteidigerin bekommen. In der Zelle hat er zu mir gesagt, wenn er Geld gehabt hätte, dann hätte er sich einen berühmten Verteidiger leisten können, und so muss er sich „dieses kleine Mädel" da nehmen. Aber mir ist es gelungen, ihn, der mit 20 Jahren Kerker gerechnet hatte, mit fünf Jahren herauszubekommen. Als er in die Zelle zurückgebracht wurde, hat er gesagt: „Hört's, die klane Jüdin is a Kanon'!"

Und von dem Tag an hatte ich schon im Verteidigerzimmer in meinem Kasterl Zettel von seinen Mitangeklagten und Mithäftlingen. Es sind immer mehr geworden. Als ich aus Wien weg musste, hatte ich schon 300 Klienten. Gezahlt haben sie sehr wenig oder fast nichts, aber ich bin leider so erzogen und bis heute geblieben. Wenn ich einem Klienten fünf Schilling verrechnet habe, hat meine Mama gesagt: „Schämst du dich nicht, von armen Leuten Geld zu nehmen!" Und das ist mir geblieben. Man kann es nicht vergleichen mit der Einstellung von Anwälten hier in Amerika.

Ich hatte sehr viele landesgerichtliche Strafsachen. Und ich möchte wirklich erwähnen, weil das zu meinem ganzen Leben passt, warum ich mich immer für Österreich eingesetzt habe: Es war wegen der „zehn Gerechten" – wenn Sie die Bibel kennen. Ich habe so viele Menschen in Wien gekannt, die anständig waren – vor dem Hitler und während der Hitler-Zeit. Als ich mich im Verteidigerzimmer verabschieden musste, weil ja Juden keine Verteidigungen mehr durchführen durften, da ist dem Amtsrat dort eine Träne über die Wange gelaufen. Für die Träne habe ich ihm nach dem Krieg CARE-Pakete geschickt.*

---

*  Rund zehn Millionen CARE-Pakete wurden ab 1946 von amerikanischen Bürgern als Nahrungsmittelhilfe nach Deutschland und Österreich geschickt. Um die Hungerkatastrophe nach dem Zweiten Weltkrieg zu lindern, schlossen sich 22 amerikanische Hilfsorganisationen zur „Cooperative for

Der Direktor des Gefangenenhauses war unerhört anständig zu mir – und so waren alle. Von unserem Hausbesorger angefangen – wen ich auch gekannt habe – unsere Köchin, unsere Bedienerin. Die Bedienerin ist in die Donau gegangen, als meine Eltern weggegangen sind. Unglaublich, was wir für Menschen gekannt haben! Besonders die Richter, die meisten Richter waren hochanständige Menschen und nicht politisch eingestellt.

Ich möchte bloß den einen Fall erwähnen: Am Montag, nachdem Hitler gekommen ist, hatte ich eine Armenverteidigung beim Obersten Gerichtshof. Als ich in den Justizpalast komme, ist der Staatsanwalt aufgestanden und hat gesagt: „Wir haben eine neue Regierung, wir haben ein neues Recht, und ich verhandle nicht mehr mit einer jüdischen Verteidigerin. Ich bitte die Frau Verteidigerin, den Gerichtssaal zu verlassen."

Daraufhin bin ich aufgestanden und habe gesagt: „Ich bin eine vom Gericht eingesetzte Armenverteidigerin, es ist meine Pflicht, zu kommen, und daher bin ich gekommen. Ich bin nicht der Ansicht, dass wir ein Gesetz haben, das mich behindert, zu verteidigen, und ich bitte das Hohe Gericht, darüber zu entscheiden." Der Gerichtshof hat sich zur Beratung zurückgezogen, ist zurückgekommen und hat gesagt: „Es ist noch kein Gesetz beschlossen, bitte, Frau Doktor, fahren Sie fort!"

Auch das habe ich nie vergessen. Das war am Montag, nachdem Hitler eingezogen ist. Ich habe so viele anständige Richter gekannt. Ich habe viele Menschen mit dem Hakenkreuzarmband gekannt, die hochanständig und entsetzt waren über das, was sie nie erwartet hätten, wie sich das alles entwickelt hat. Ich habe Richter gekannt, die sich für jüdische Verteidiger eingesetzt haben, die vor mir die Gestapo angerufen haben und gefragt haben:

---

American Remittances to Europe – CARE" zusammen. Es sollten gemeinsame Hilfsprojekte koordiniert werden. Die nach Europa verschifften Pakete waren standardisiert und enthielten nahrhafte Lebensmittel, Fleisch, Fett in Dosen und Kohlenhydrate. Ein Paket enthielt etwa 40.000 Kalorien.

„Warum verhaften Sie diesen Mann? Der war immer anständig, er hat immer hunderte Menschen umsonst verteidigt."

Es waren unglaubliche Menschen dabei. Viele Richter haben uns gern gehabt, junge Menschen, fesche Mädel, die wirklich an Recht und Gerechtigkeit geglaubt haben. Die haben nicht lange geschwollene Verteidigungsreden gehalten, die haben wirklich geglaubt. Wir haben viel Erfolg gehabt. Der Erfolg war ja nicht immer Freispruch oder nicht Freispruch, sondern wie in meinem ersten Fall fünf Jahre statt 20 Jahre.

Und dieser eine Richter, der so anständig war: Ich war noch zufällig bei ihm im Zimmer. Da hat eine Frau angerufen und hat gesagt, sie schämt sich. Sie ist an einem jüdischen Schuhgeschäft vorbeigegangen, das haben sie ausgeräumt, die Schuhe auf die Straße geschmissen und alles geplündert. Er soll doch bei der Gestapo anrufen und fragen, was da los ist, die Gestapo soll eingreifen.

Und solche Sachen hat er gemacht! Bis eines Tages eine Verwarnung gekommen ist, er soll sich nicht einmischen. Der war auch einer mit dem Hakenkreuz. Warum trug er ein Hakenkreuz? Weil er sich von Starhemberg sehr schlecht behandelt gefühlt hat. Aber deswegen sage ich immer: „die zehn Gerechten". Natürlich gab es auch andere, besonders Staatsanwälte. Meine Freunde haben gesagt, ich habe jeden Tag einen gebackenen Staatsanwalt zum Frühstück gegessen, weil ich immer gesagt habe: „Der Beruf verdirbt den Charakter!"

Ich habe noch kurz vor dem „Anschluss" in Wien geheiratet. Meine Eltern waren furchtbar streng, mein Vater noch strenger. Er hat mir nicht erlaubt, auch nur eine eigene Kanzlei außerhalb der Wohnung zu haben. Ich musste meine Klienten in meinem Zimmer empfangen. Und meine Mutter war verzweifelt, weil da die Verbrecher im Vorzimmer gewartet haben und mir Kastanien oder Blumen gebracht haben – das war meistens meine Bezahlung. Und sie hat mich gebeten, ich soll doch irgendjemanden heiraten. „Lass dich halt nachher scheiden, dass dein Vater dich aus dem Haus lässt!"

Das war furchtbar! Und ich habe, natürlich auf der Universität und dem Gericht, viele Freunde gehabt. Im „Café Herrenhof", wo alle die Schriftsteller und so weiter herumgesessen sind, war ich wie zu Hause. Dort habe ich einen Innenarchitekten kennengelernt, er war etwas Besseres, und da wurde beschlossen, durch Freunde von mir, dass ich ihn offiziell heiraten soll, damit ich aus dem Haus komme und mir meine Eltern eine eigene Wohnung kaufen. Keine Liebe! Und so haben wir am 14. Februar 1938 geheiratet.

Aber damals hat man doch schon gemunkelt wegen Hitler und Schuschnigg, und da hat der Papa gesagt: „Wir warten mit der Wohnung, bis wir wissen, was aus der Schuschnigg-Geschichte wird." Und so habe ich weiter bei meinen Eltern gewohnt, obwohl ich eigentlich verheiratet war. Ich habe mit meinem Mann überhaupt nicht zusammengelebt in Wien. Aber als ich das Affidavit bekommen habe für zwei Personen, habe ich ihm halt das Leben gerettet und ihn mit nach Amerika genommen.

Es war schon eine sehr schlechte Stimmung in Österreich an und für sich seit 1934. Seit 1927 haben sich die beiden großen Parteien bekämpft, und zum Schluss kam die Auflösung des Parlaments 1933 und der Sozialistischen Partei.

Der Februar 1934, wo auf Arbeiter und ihre Frauen und Kinder in ihren Häusern geschossen wurde! Major Fey hat die Militärattachés der anderen Regierungen eingeladen, zuzusehen, wie er auf Gemeindehäuser schießt. Ich meine, das waren so schreckliche Situationen. Und dann die ganze Dollfuß-Geschichte. Aber effektiv hat man nur in den letzten Monaten – eigentlich erst, als Schuschnigg nach Berchtesgaden zu Hitler gegangen ist – die Gefahr des Nationalsozialismus gespürt. Im Grunde hat man aber nicht geglaubt, dass Hitler wirklich kommen wird.

Natürlich hat man von Hitler gesprochen, aber es war in Österreich selbst genug los, um aufgeregt zu sein. Aber wie gesagt, dann, nachdem der Schuschnigg in Berchtesgaden war, hat man wirklich keine Hoffnung mehr gehabt. Und trotzdem erinnere ich mich genau. Als er die Rede gehalten und gesagt hat: „Gott schütze Österreich!" – das waren seine letzten Worte –, habe ich meine Kollegin angerufen, und da haben wir gesagt: „Das ist das Ende."

Interessanterweise hat Schuschnigg wirklich schon in den Wochen und Monaten vorher den Sozialisten ein Angebot zur Zusammenarbeit gemacht, und ich erinnere mich, dass man gesagt hat, dass man bald wieder die „drei Pfeile" wird tragen können – das war das sozialistische Abzeichen. Es wäre vielleicht anders gekommen, wenn er früher mit den Sozialisten geredet hätte. Aber ein getrenntes Land oder ein zerborstenes Land konnte sich nicht wehren!

Trotzdem bin ich der Ansicht, wenn Hitler gesehen hätte, dass sich Österreich verteidigt, wenn Schuschnigg nur einen Tag oder einen halben Tag die Armee an die Grenze geschickt hätte, wären vielleicht die anderen Staaten aufgewacht. Frankreich und England hatten mit uns einen Vertrag, abgesehen davon, dass am Wochenende natürlich in England kein Mensch da ist, aber sie wären möglicherweise am Montag aufgewacht – und es wäre vielleicht nicht zum Einmarsch von Hitler gekommen. Er wäre aufgehalten worden. Es hätte alles anders kommen können. Schuschnigg hat es gut gemeint, er wollte kein Blutvergießen. Das hat sechs Millionen Menschen das Leben gekostet – und mehr. Auch in Österreich.

Das Wort Angst habe ich nicht gekannt. Wie Sie sehen, habe ich mich auch beim Obersten Gerichtshof verteidigt, sozusagen. Ich bin zur Gestapo gegangen für andere Leute und auch für meinen Vater. Mein Vater war Rechtskonsulent in Steuersachen in Pension, ein sehr bekannter, unerhört anständiger Mensch. Er hat nie in seinem Leben eine Zigarre angenommen, er hätte sich nie für irgendetwas hergegeben, was gegen das Gesetz gewesen wäre. Trotzdem hat er ganz große Klienten gehabt, weil eben die Steuer gewusst hat, dass, wenn er etwas erklärt, es richtig ist.

Einer seiner Klienten war die Hohenauer Zuckerfabrik der Brüder Strakosch, und einer der Brüder Strakosch war mit einer englischen Sängerin verheiratet. Und als die gehört hat, dass die Juden das Geld verlieren werden in Österreich, hat sie ihm einen Abschiedsbrief geschrieben, so etwas nennt man hier „Dear John Letter". Aber er hat sich das so zu Herzen genommen, dass er sich erschossen hat. Und da sagten die Nazis, wenn sich ein Jud erschießt, dann hat er wahrscheinlich etwas mit der Steuer zu tun, und sind zu meinem Vater gekommen und haben ihn für Informationen abgeholt. Indirekt hat ihm das das Leben gerettet, denn er wäre nie aus Österreich weggegangen. Damals war er noch der Ansicht: „Wenn du ein anständiges Leben geführt, im Ersten Weltkrieg gekämpft hast, du ein Pensionist bist und bescheiden lebst, was soll dir da passieren?"

Aber sie haben ihn abgeholt und zur Gestapo gebracht, und ich bin hingegangen, habe mich nach ihm erkundigt. Genauso nach einem Rechtsanwalt Dr. Müller, mit dem wir befreundet waren. Ich bin als Anwältin zur Gestapo gegangen und habe mich nicht gefürchtet. Ich habe das immer so gehalten, in meinem ganzen Leben – ich habe mich auch nicht gefürchtet, nach London zu gehen, als die Bomben dort gefallen sind.

Interessanterweise ist mein Vater ins Landesgericht überstellt worden, aber nur als Gast – die Gestapo hat 10 oder 20 Zimmer gemietet – und ich bin hingegangen zum Direktor des Gefangenenhauses, und da sagt er: „Ja, ich bin ja kein Direktor mehr, ich bin ja nur mehr ein Hotel!" Er hat mir trotzdem erlaubt, meinem Vater Pakete dazulassen. Und der hat auch gesagt: „Wir waren gegen die Regierung! Wir haben gedacht, es kann nur etwas Besseres nachkommen, aber jetzt fangen wir auch schon an zu munkeln!" Ein paar Monate später haben viele Österreicher gesehen, dass es nicht das ist, was sie erwartet haben.

Im Juli 1938 bin ich dann nach Amerika. Im Übrigen hatte ich mein erstes Affidavit schon im April 38, ausgestellt von Mr. Wachtel, von der Firma „Wachtel Mannheim & Sohn". Aber im

April wollte ich noch nicht fahren, ich war noch Rechtsanwalt. Erst als sie mich aus der Verteidigerliste gestrichen haben, bin ich gefahren. Und mein Vater hat mir geschrieben: „Du kannst mir eh nicht weiterhelfen, so fahr!" Da bin ich also dann doch gefahren. Sie haben meinen Vater dann freigelassen – damals war er nur zur Information in Gestapo-Gewahrsam –, er musste aber unterschreiben, dass er freiwillig das Land verlässt. Doch das hat ihm das Leben gerettet, sonst wäre er nicht weggefahren.

Mein Vater ist nach Palästina, denn meine Schwester war schon seit über 15 Jahren mit einem österreichischen Arzt verheiratet, der in Palästina eine Praxis gehabt hat. Aber damals konnte man nur dann nach Palästina, wenn man dort Grund und Boden besessen hat. Sie haben einen Grund gekauft für meine Eltern, und meine Eltern sind dann hingefahren. Mein Vater wollte aber gerne zurück, und im Jahre 1947 hat er mich gebeten, nach Wien zu gehen und mit dem Justizminister zu sprechen, ob er zurückkommen könnte, um seine Pension zu erhalten. Seinerzeit habe ich eine Audienz beim Herrn Minister gehabt, und er war sehr nett. Er hat mir angeboten, ich könnte als Anwalt oder als Familienrichter zurückkommen. Mein Vater ist aber leider zwei Monate später an Herzversagen gestorben. Er war zuerst Österreicher und dann erst Familienvater. Er wäre lieber am Zentralfriedhof begraben gewesen – ich sage das immer und mache mich damit sehr unbeliebt.

Am Tag des „Anschlusses" sind wir wahrscheinlich gar nicht auf die Straße gegangen. Wir haben telefoniert mit Freunden und so, und wir haben uns sehr aufgeregt über meinen Onkel, der ein sehr berühmter Schriftsteller war und der damals mit dem ersten Zug in die Tschechoslowakei gefahren ist. Das war der Zug, den die Tschechen nicht hereingelassen haben. Auch eine Sünde, für die die Tschechen schwer bestraft wurden. Die haben den Zug zurückgeschickt, und die meisten Menschen, die in diesem Zug waren, wurden getötet. Mein Onkel konnte noch davon, er ist dann auf den Semmering geflüchtet und hat später einen tschechischen Pass bekommen, auch durch den Präsidenten der Tschechoslowakei. Ich habe ihm den Pass auf den Semmering gebracht, wo er versteckt war, und ich habe mich auch dabei nicht gefürchtet. Aber wenn sie mich mit dem tschechischen Pass gefunden hätten, hätten sie mich auch umgebracht. Ich habe immer getan, was ich machen musste. Der Onkel ist dann nach Paris geflüchtet, im September 38 nach New York gekommen und ist leider schon ein Jahr später gestorben.

Damals war die Einwanderung nur möglich, wenn man ein sogenanntes „Affidavit of Support" hatte. Das heißt, eine Person musste erklären, dass sie für fünf Jahre für den Unterhalt sorgen will und dass sie fünf Jahre lang garantiert, dass der Betroffene dem Staat nicht zur Last fällt. Für mich hat dieser Dr. Wachtel das „Affidavit" besorgt. Er wäre dann auch mein Zeuge gewesen bei meiner Citizenship, die damals sehr streng gehandhabt wurde. Er ist aber zwei Monate vorher gestorben, und ich wäre fast nicht US-Citizen geworden. Damals hat man einen amerikanischen Staatsbürger gebraucht, der einen fünf Jahre lang gekannt hat und das Wohlverhalten des künftigen Neo-Amerikaners bezeugen konnte. Weil ich wirklich eine der ersten Österreicherinnen hier in New York war, habe ich niemanden gekannt. Es war also sehr schwierig, aber trotzdem ist es irgendwie durchgegangen.

Ich bin dann im Juli 38 aus Wien weg über Holland – damals ist man noch mit dem Zug gefahren. Ich bin in New Jersey gelandet und dann mit einem Taxi rüber nach New York gefahren. Das war am 3. August 1938. Dr. Wachtel hat einen Mitarbeiter aus seiner Kanzlei geschickt und uns ein Zimmer bei Freunden, irgendwo auf dem Land, besorgt.

Mein Onkel war Anwalt in Wien. Und Herr Dr. Wachtel war ein berühmter Anwaltskollege in New York. Immer wenn er nach Wien kam, war er bei uns zu Besuch und wurde, wie ich es genannt habe, als Gast erster Klasse behandelt, also das volle Programm: Oper, Kahlenberg und so weiter. Allerdings hat sich das nicht so bewährt, wie ich das erwartet habe. Ich habe gehofft, Dr. Wachtel würde mich in seine Kanzlei aufnehmen und mir hier ein Studium ermöglichen. Er hat aber einen gewissen Dr. Zucker in seine Kanzlei aufgenommen. Das war ein älterer Anwalt aus Wien, den ich auch gekannt habe. Der Dr. Zucker hat betuchte Klienten mitgebracht. Ich habe ja nur Verbrecher als Kunden gehabt.

So hatte ich es sehr schwer am Anfang. Furchtbar! Ich erinnere mich, ich habe mir das Telefonbuch genommen und alles nachgeschaut, was angefangen hat mit „Austrian" oder mit „Jewish", und bin zu den Leuten hingerast und habe versucht, eine Stelle zu finden. Ich bin von früh bis nachts mit Empfehlungen, mit Briefen gelaufen. Und damals haben wir das kennengelernt, dass die Leute gesagt haben: „Let's have lunch, some day!" Das hat nichts bedeutet, es war nichts!

Die jüdischen Organisationen waren sehr schlecht damals, die haben nichts für uns gemacht. Ich hatte eine Kollegin, die einen jüdischen Vater oder eine jüdische Mutter hatte, aber katholisch war – sie hat sofort eine Stelle an einer katholischen Universität erhalten. Sie ist ganz groß dort geworden und hat in Wien, vor ein paar Jahren, den Professortitel bekommen, weil sie in ihrer Eigenschaft vielen Professoren und Studenten aus Österreich geholfen hat. Wir haben nur Dienstbotenstellen bekommen von den jüdischen Organisationen.

Meine erste Stelle war am Land draußen, da haben sie gesagt: „Dort ist ein schwarzes Ehepaar, und Sie brauchen nur auf die Kinder aufzupassen." Als ich hingekommen bin, war es ein Riesenhaus, da war ein schwarzes Ehepaar, das schon seit vier Wochen weg war. Vier Wochen lang hat niemand aufgeräumt, niemand die Badewannen geputzt, niemand die Wäsche gewaschen, und ich allein musste das alles machen. Drei Kinder am Arm die Stiegen hinauf und hinunter – das war ein Haus mit vielen Stiegen. Ich habe Wäsche gewaschen und Badewannen geputzt, und als ich dann zur Frau zu Mittag kam, hat sie mir gesagt, ich soll das Kind füttern. Habe ich gefragt: „Womit?", sagt sie: „Mit

Publin. Wissen Sie denn das nicht?" Habe ich gesagt: „Nein!" Ich wusste nicht, was Publin war, das ist ein Kinderfuttermittel. Sagt sie: „Ja, wie wollen Sie denn hier arbeiten, wenn Sie nicht einmal wissen, was Publin ist!" Also kurz und gut, sie hat ihrem Mann gesagt, sie kann mich nicht brauchen, denn sie will ja Bridgespielen gehen am Nachmittag, und ich muss die Kinder füttern. So hat sie mich wieder entlassen. Der Mann war sehr betrübt und sehr anständig. Er hat mir fünf Dollar gegeben, was damals ein fantastisches Gehalt für einen Tag war.

Meine nächste Stelle war schon besser, da waren nur zwei Kinder und nur zwei Badezimmer, und es war in New York. Und die waren so zufrieden, dass sie – als mein Onkel kam, da haben wir uns gemeinsam eine Wohnung genommen – sehr traurig waren, dass ich weggefahren bin. Ich erinnere mich noch, beim ersten Mittagessen hat sie zwei Pfund ausgelösten Hummer gekauft, und ich bin dagestanden und habe gesagt: „Wenn ich das meinen Freunden in Wien schreibe: ,Ich bin zwar Dienstmädchen, ich esse aber Hummer zu Mittag', würde das einen großen Eindruck machen!" Da nahm sie aber eine Flasche Ketchup und hat den ganzen Ketchup auf den Hummer gegossen, ein Jammer! Das war eine der größten Enttäuschungen meines Lebens und ich habe gesagt, Ketchup kommt mir nicht ins Haus. Ich habe das fünfzig Jahre durchgehalten, ich habe nie Ketchup verwendet.

Dann kam der Onkel, wir nahmen uns gemeinsam eine Wohnung in der 94. Straße. Ich erinnere mich, das erste Geld haben wir dazu verwendet, um für den Onkel gepolsterte Türen zu machen, damit er in Ruhe schreiben konnte. Er bekam eine Stelle als Lektor. Er hatte damals 200 Dollar im Monat verdient, was natürlich enorm war. Ich hatte bei meiner ersten Stelle 60 Dollar im Monat. Es war sehr wenig. Ich hatte Freundinnen, die haben 20 Dollar in der Woche gehabt, und ich eben nur 14. Es war nicht sehr viel, aber man konnte immerhin ein möbliertes Zimmer nehmen und essen. Es war eigentlich nichts. Wir haben immer gesagt, wir möchten gerne so viel verdienen, dass wir endlich Steuer zahlen dürfen.

Ich glaube, die Steuergrenze lag damals bei 750 Dollar oder so. Also, ich habe es nicht erreicht, nicht in einem ganzen Jahr. Und mein Gepäck ging an einen Spediteur, und der war sehr an mir interessiert, denn er hatte einen jungen Österreicher in seinem Büro, der eine große Speditionsfirma in Wien hatte. Der Eigentümer der Speditionsfirma hat mir angeboten: „Kommen Sie doch wieder und erzählen Sie mir, was Sie für Erfolge haben!" Und als ich so nach ungefähr einem Monat gekommen bin, habe ich gesagt: „Ich habe keine Stelle gefunden, nur diese Dienstbotenstelle." Er hat gesagt: „Nun werden Sie einmal in der Woche zu mir kommen und deutsche Briefe schreiben!" Nach einer Woche habe ich zwei Tage gearbeitet, habe auch italienische Briefe geschrieben, nach der dritten Woche auch französische Briefe, denn es haben sich viele Leute, die ausgewandert sind, an ihn gewendet. Und so hat er mich dann fix angestellt. Das war also meine erste Stelle als Fremdsprachensekretärin. Und wenn die „Queen Mary" kam, die ankerte ganz unten bei der Battery, bin ich schon losgelaufen. Ich hatte die Bewilligung, zum Pier hinaufzufahren und dort die Neuankömmlinge abzuholen. Ich habe ihnen in meiner Gegend Wohnungen und Zimmer verschafft, sodass ich wirklich die Österreicher an der Westside angesiedelt habe.

Natürlich wollte ich studieren. Zuerst wollte ich Rechtsanwältin werden. Da hat das Komitee mir gesagt, das bewilligen sie mir nicht, denn Rechtsanwältin, das hat keinen Sinn, und eine Frau und so weiter. Dann habe ich gesagt: „Dann möchte ich Bibliothekarin werden." Sie haben gesagt: „Bibliothekarin hat keinen Sinn, Sie werden Lehrerin!" Und da haben sie mir einen Kurs bewilligt bei der „Foundation for Education". Diesen Kurs musste ich neben meiner Stelle als Sekretärin besuchen.

Das hat eine dieser jüdischen Organisationen so verlangt. Und nach einem halben Jahr haben sie dann doch das „Student

Office" um Rat gefragt, und die haben gesagt, entweder studiert sie zum „Master's Degree" oder gar nicht. Mit einem Kurs wird sie niemals eine Stelle als Lehrerin bekommen. Die haben nichts gewusst in den Komitees! Die haben nichts gewusst! Die haben einem wirklich das Leben ruiniert. Damals habe ich eine Abneigung gegen Social Workers entwickelt. Denn die haben nur gefragt und Formulare ausgefüllt und tausende Fragen über das intimste Familienleben gestellt.

Also, dann haben sie mir ein Studium bewilligt auf ein Jahr. Und in diesem einen Jahr musste ich an der Columbia studieren, musste vormittags in einer Schule umsonst unterrichten, denn man konnte kein „Master's Degree" haben, wenn man nicht Praxis gehabt hatte, aber ich musste von etwas leben. Ich habe also fast jede zweite Nacht bis in die Früh getippt, und ich behaupte, ich bin damals grau geworden. Ich habe nämlich wo gelesen, wenn man nicht schläft, wenn man Ratten und Mäuse nicht schlafen lässt, dann bekommen sie weiße Haare. Am Ende des Jahres hat mir aber immer noch ein Kurs gefehlt. Da hat auch wieder das Komitee gesagt, sie zahlen es mir nicht. Also, schlussendlich konnte ich dann nach Jahren und vielen Mühen meinen „Master" machen. Ich habe so viele Papiere, „Degrees", ich könnte ein ganzes Badezimmer damit tapezieren.

Meine Eltern sind im Jahr 1939 nach Palästina gegangen. Bei meinen Eltern ging es noch, aber fast alle meine Tanten sind umgekommen: die Schwester der Mama, die Cousinen meiner Mama – sie hatte sehr viele Cousinen. Die Kinder sind meistens herausgekommen, aber zum Beispiel die Schwägerin meines Vaters in Prag und ihre Tochter – eine Cousine von mir – sind alle umgekommen. Der Bruder der Mama und seine Frau sind in Prag umgekommen. Ihr Sohn konnte gerade noch nach England gelangen, sonst wäre er auch tot.

So sind Familien zerstört und Menschen entwurzelt worden. Das ist eines der größten Probleme, das ist gar keine Frage! Ich bin durchaus Amerikanerin, besonders in politischer Beziehung, würde ich sagen. Ich interessiere mich für alles. Ich interessiere mich für das Parlament, für die Wahlen, für den Präsidenten, für die Geschichte, für alles, aber ich habe Österreich nie vergessen!

Und das ist eben, was ich „split-loyality" nenne. Wenn ich nach Wien komme und aus dem Flugzeug steige, ist es, als ob ich nie eine Stunde weg gewesen wäre. Nicht nur, dass alles so ist, als ob ich da ewig gewesen wäre und Amerika nur ein Traum – mir fallen Telefonnummern ein, Straßennamen, die mir jetzt hier nicht einfallen würden. Und ich bin durchaus glücklich dort, und ich habe Gott sei Dank nicht das Problem, das hier viele Emigranten haben. Dass sie, wenn sie in Wien auf der Straße gehen, Menschen anschauen und sich fragen: „Warst du ein Mörder? Hast du jemanden umgebracht?" So bin ich nicht. Aber wenn ich jemanden wüsste, der ein Mörder war oder jemanden umgebracht hat, würde ich ihn sofort anzeigen. Auch heute noch. Natürlich. Nicht einen, der ein Nazi war, denn ich habe viel zu viel gelernt, dass Leute Mitglieder der Partei waren – besonders vor Hitler –, und dann später eingesehen haben, dass das also keine politische Partei war, sondern eine Mörderbande.

Wir hatten eine Kollegin, eine Rechtsanwältin, deren Mutter eine sehr fromme Katholikin war – zu fromm für die Tochter – andererseits war die Tochter zu weich in Rechtsdingen, sie hätte Sozialistin werden können, so hat sie an die Hausbesorgerin einen Schilling im Monat bezahlt und war Mitglied der Partei. Als Hitler kam, wurde sie die Präsidentin der weiblichen Rechtsanwälte und nach sechs Monaten ist sie freiwillig weggegangen und sehr bedroht worden, weil sie alle Missstände schon damals aufgeklärt hat, weil sie jüdische Klienten vertreten und sich ihrer angenommen hat. Weil sie Geld gesammelt hat, sogar von Richtern, um den Eltern einer Kollegin, die noch heute hier lebt, die Auswanderung zu ermöglichen. Deshalb weiß ich: Mitglied bei der NSDAP gewesen zu sein, das allein bedeutet gar nichts. Und die Eltern meiner Kollegin sind dann im Jahr 1942 oder 1943 in ein Konzentrationslager gekommen und umgekommen.

Es gab damals einen Witz in Wien: Die Wiener oder die Österreicher haben drei Eigenschaften, aber nur zwei davon können sie haben. Die Eigenschaften sind „gescheit", „anständig" und „Nationalsozialisten". Wenn man gescheit und nationalsozialistisch war, war man nicht anständig. Wenn man gescheit und anständig war, war man nicht nationalsozialistisch und wenn man anständig und nationalsozialistisch war, war man nicht gescheit. Und ich finde, das ist das, worum es wirklich gegangen ist.

Als ich im Jahr 47 in Wien war und damals eben mit dem Justizminister gesprochen habe, da hat er mir ja eine Rückkehr angeboten, quasi. Ich bin nicht gegangen, ich kann heute nicht einmal ganz genau sagen, warum nicht. Ich kann nicht einmal sagen, dass ich vielleicht eine Liebesbeziehung hier gehabt habe. Ich glaube nicht, dass ich es damals in Wien ausgehalten hätte. Es war noch zu früh. Später war es zu spät, dann war ich in der New York Library, habe dort eine Karriere gehabt, dann konnte ich für die United Nations arbeiten.

Ich hatte sogar einmal einen Anstoß, nach Wien zurückzukehren, allerdings einen negativen. Wir hatten ein Haus in Wien. Das Haus hat ein Hausverwalter gehabt. Und zu dem kam nach dem „Anschluss" ein Nazi und hat ihn bedroht: „Wenn ihr mir nicht das Haus vermietet und mir ein Vorkaufsrecht einräumt, werde ich euch anzeigen, dass ihr ein jüdisches Haus verwaltet." Er hat sich so aufgeführt, dass eine Dame in eine Nervenheilanstalt musste, und so hat er ihm damals dieses Haus vermietet. Wir mussten klagen, zu Gericht gehen, um das Haus zurückzubekommen! Ein zweites Mal klagen, um das Vorkaufsrecht nichtig zu machen.

Das Haus war an einen österreichischen Wirtschaftsführer vermietet. Der ist nicht hinausgegangen, wir haben das Haus buchstäblich verloren. Wir haben so einen schlechten Mietvertrag gehabt, dass wir alles zahlen mussten. Ich hätte damals Eigenbedarf geltend machen können, wenn ich nach Wien zurückgekommen wäre, dann hätte ich das Haus erhalten. Aber das Haus war es mir nicht wert, die Karriere hier aufzugeben. Ein herrliches Haus, in der schönsten Gegend von Wien, in der Peter-Jordan-Straße.

Aber dennoch spüre ich eigentlich kein Gefühl von Bitterkeit. Bei meiner Schwester war es dasselbe. Meine Schwester war auch damals fast zehn Jahre nicht in Wien, und sie hat dieselbe Erfahrung gemacht, also unabhängig von den Nazis. Wenn sie zurückgekommen ist, sagte sie auch, sie hat das Gefühl, als ob sie nie einen Tag weg gewesen wäre. Das liegt doch an Wien! Als der Krieg aus war, habe ich für das ganze Geld, das ich hatte, CARE-Pakete gekauft.

Ein CARE-Paket hat einen Dollar gekostet. Ich habe allen – es waren ja keine Verwandten mehr da –, unserem Dienstmädchen, unserer Köchin, der Wirtschafterin meiner Großmama, allen Richtern, bei denen ich war, dem Amtsrat- und dem Verteidigerzimmer, CARE-Pakete geschickt. Ich habe heute noch die Zettel oder die Briefe, in denen sie schreiben, sie können es gar nicht fassen, dass gerade ich, die rausgeschmissen wurde, ihnen geholfen habe. Es war eine solche Genugtuung! Das kann man einem gar nicht erklären. Ich war wirklich wie der „liebe Gott", nicht?

# Literatur- und Abbildungsverzeichnis

Alle Fotos Copyright Gerhard Jelinek bis auf:
Skyline New York mit Dampfer (ORF/Historisches Archiv)
Marta Eggerth (Votava/PID)
Robert Breuer (Privatfoto)
Gerhard Jelinek (Andreas Weber)

*

„Anschluß" 1938. Eine Dokumentation. Hrsg. v. Dokumentationszentrum des österreichischen Widerstandes, Wien 1988
Hartenstein, Elfi: Heimat wider Willen. Emigranten in New York – Begegnungen, Berg am See 1991
Lowenstein, Steven M.: Frankfurt on the Hudson. The German-Jewish community of Washington Heights 1933–1983. Its structure and culture, Detroit 1989
Rathkolb, Oliver: Der Anschluß Österreichs an das Deutsche Reich und die Folgen, in: Kontinuität und Bruch 1938 – 1945 – 1955. Beiträge zur österreichischen Kultur- und Wissenschaftsgeschichte, hrsg. v. Friedrich Stadler, Wien 1988

### Fehlurteil: Schuldig!

Himmelfreundpointner,
Rainer
„UNSCHULDIG
HINTER GITTERN"
224 Seiten, EUR 19,95
ISBN: 978-3-902404-61-9

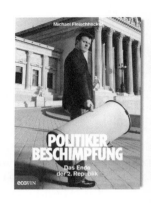

### Bestellt. Verkauft.
### Ausgebeutet.

Kreutzer, Mary /
Milborn, Corinna
„WARE FRAU"
240 Seiten, EUR 19,95
ISBN: 978-3-902404-57-2

### Reportagen und Augen-
### zeugenberichte aus
### Regionen, die nicht
### unbedingt zu den
### Erholungsgebieten der
### Erde zählen.

Orter, Friedrich
„VERRÜCKTE WELT"
296 Seiten, EUR 23,60
ISBN: 978-3-902404-15-2

**Die Wahrheit ist dem Menschen zumutbar.**

Fleischhacker, Michael
„POLITIKER-
BESCHIMPFUNG"
208 Seiten, EUR 22,00
ISBN: 978-3-902404-63-3

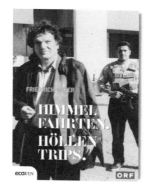

**Reporter aus Leidenschaft.**

Orter, Friedrich
„HIMMELFAHRTEN.
HÖLLENTRIPS."
304 Seiten, EUR 23,60
ISBN: 978-3-902404-65-7

**Wohin führt uns die Putinkratie?**

Dox, Georg
„KAMPF UM DEN
KREML"
216 Seiten, EUR 19,95
ISBN: 978-3-902404-53-4

**Begegnungen, Erinnerungen, Einsichten.**

Lendvai, Paul
„BEST OF
PAUL LENDVAI"
208 Seiten, EUR 19,95
ISBN: 978-3-902404-66-4

**Der Antiamerikanismus und seine Gründe.**

Löw, Raimund
„EINSAME
WELTMACHT"
**Vorwort von Hugo Portisch**
288 Seiten, EUR 23,60
ISBN: 978-3-902404-47-3

Spannend.

**Ein Buch schreibt Geschichte.**

Lendvai, Paul
„MEIN ÖSTERREICH.
50 JAHRE HINTER DEN
KULISSEN DER MACHT"
328 Seiten, EUR 23,60
ISBN: 978-3-902404-46-6

»*Eine herausragende Stimme der europäischen Publizistik.*«

Focus (München)

Ein zutiefst persönlicher und zugleich spannender Bericht: über die Komplexe und Ängste der Österreicher, das Zerrbild und die Mythen der Zweiten Republik, den Aufstieg und Fall ihrer prägenden Persönlichkeiten, das Erlebte im „guten Österreich" und die einzigartige Erfolgsbilanz eines halben Jahrhunderts. Im Spiegel der Begegnungen mit herausragenden Persönlichkeiten aus Politik, Wirtschaft und Medien (u.a. mit Josef Klaus, Bruno Kreisky, Kurt Waldheim, Rudolf Kirchschläger und Thomas Klestil) entsteht ein unverwechselbares Bild des neuen Österreichs. Persönliche Gespräche mit bekannten Politikern – von Androsch bis Vranitzky, von Busek bis Schüssel, von Haider bis Gusenbauer – über brisante Details der Wendezeiten ergänzen die persönlichen Erlebnisse des stets kritisch und wachsam gebliebenen Publizisten Paul Lendvai.